青春美文精品集萃丛书·美好时代系列

# 美好未来的期盼

《中学生博览》杂志社 选编

时代文艺出版社

图书在版编目（CIP）数据

美好未来的期盼 /《中学生博览》杂志社选编. -- 长春：时代文艺出版社, 2021.6
（青春美文精品集萃丛书. 美好时代系列）
ISBN 978-7-5387-6834-3

Ⅰ.①美… Ⅱ.①中… Ⅲ.①作文－中小学－选集 Ⅳ.①H194.5

中国版本图书馆CIP数据核字(2021)第111634号

## 美好未来的期盼
MEIHAO WEILAI DE QIPAN
《中学生博览》杂志社　选编

出 品 人：陈　琛
责任编辑：徐　薇
装帧设计：孙　利
排版制作：隋淑凤

出版发行：时代文艺出版社
地　　址：长春市福祉大路5788号　龙腾国际大厦A座15层　（130118）
电　　话：0431-81629751（总编办）　0431-81629755（发行部）
网　　址：weibo.com/tlapress（官方微博）　sdwycbsgf.tmall.com（天猫旗舰店）
开　　本：880mm×1230mm　1/32
字　　数：135千字
印　　张：7
印　　刷：三河市嵩川印刷有限公司
版　　次：2021年6月第1版
印　　次：2021年6月第1次印刷
定　　价：36.00元

图书如有印装错误　请寄回印厂调换

# 编 委 会

编委会主任：刘翠玲　夏野虹　高　亮

编　　　委：宁　波　孟广丽　张春艳

　　　　　　李鹏修　苗嘉琳　姜　晶

　　　　　　王　鑫　李冬娟　王守辉

# Contents
# 目 录

## 校服的颜色

蜗牛小姐想要有个家 / 翁翁不倒 002

曾经，有一个少年 / Replay 007

再见，我的女孩儿 / 沐 沐 015

校服的颜色 / 热马赞 023

橡皮外衣 / 周 颖 026

哪有胜利可言，挺住意味一切 / 李阿宅 030

和梦一起飞翔 / 刘 轶 035

## 她眼底有光

我的青春长着你的模样 / 任 兰 038

她眼底有光 / 大白菜 041

推开那扇门看看您 / 迪 卡 047

陪你度过岁月如歌 / 琉 筱 050

被世界遗忘的你 / 漠 然 056

想写封信给你 / 苊陶陶 059

若生命中有你，我该多幸福 / 沈依米 063

## 乘风而至的那些味道

玫瑰色小巷 / 亦青舒 068

而我只有你 / 宠物酱 074

你看路人，行色匆忙 / 方 悬 079

世界仍然爱着你 / 方 悬 084

车票 / 黄晓晴 088

乘风而至的那些味道 / 简墨绿 095

岁月微暖 / 麦田田 101

当冬夜渐暖 / 孙 苏 107

其实你很好，你自己却不知道 / 许白梨 114

## 追云的日子

彼时花开彼时梦 / 小圆子 120

追云的日子 / 小妖寂寂 124

一场失去口红的旅行 / 街 猫 127

你见过凌晨四点的网吧吗，我见过 / 雀 安 131
人活到多少岁，才会来不及啊 / 巫小诗 135
胃中的乡愁 / 巫小诗 139

## 你给的爱，像月光般温暖

你给的爱，像月光般温暖 / 咕 咕 144
被隐藏起来的爱 / 安 和 151
这个世界没什么可怕 / 不动声色 157
我的老小孩儿 / 不 二 163
外婆带大的孩子最容易想家 / 刘 炜 168
这些都是你给我的爱 / 麦田田 171

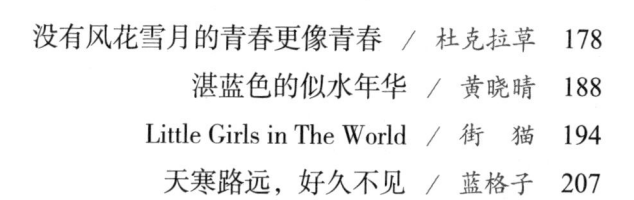

## 湛蓝色的似水年华

没有风花雪月的青春更像青春 / 杜克拉草 178
湛蓝色的似水年华 / 黄晓晴 188
Little Girls in The World / 街 猫 194
天寒路远，好久不见 / 蓝格子 207

## 校服的颜色

## 蜗牛小姐想要有个家

翁翁不倒

### 1

莫离是这家福利院里年龄最大的孩子,但是胆子却是最小的。当有孩子形容她像一只乌龟,一被触碰就把身体藏进壳里的时候,其他孩子会反驳,才不是呢,乌龟被惹急了还会咬人,莫离应该是一只蜗牛,胆小又懦弱的蜗牛!

而今天,蜗牛小姐即将拥有一个家了。

一大群孩子趴在窗户外边,偷偷看里面正在交谈的人,他们猜测着谁会被领养走呢?

几乎每个孩子都希望那个人是自己。

然后他们突然看到莫离被叫进去了,大家都惊呆了,看到莫离在陌生人面前,一张脸涨成番茄色。

不过一天之内,莫离就拥有一个家了,莫离收拾着自己的东西,不多,一个小小的行李袋足以装下她全部家当。临走前,她回头看了大家一眼,想告个别,却发现所有孩子的目光都胶着在新爸爸的豪车上。

## 2

领养莫离的的确实是个富裕的家庭,新妈妈带她到自己的房间的时候,她被眼前的景象吓到了,公主床、通顶书架、苹果电脑,美好得不像话。

现在她有温婉的妈妈,稳重的爸爸,还有个帅气的弟弟,弟弟对她的态度也很好。

夫复何求啊!

## 3

妈妈打算带莫离去外面玩,想来想去,还是去了最没创意的地方——游乐园。

出门前,妈妈让莫离换上她新买的裙子,莫离摇摇头，还像刚来到时那般拘谨："我还是穿自己的衣服吧，新衣服穿不惯呢。"

到了游乐场，妈妈起初以为莫离会喜欢过山车云霄飞车之类刺激的项目，没想到她看着就发抖，倒是在看到旋转木马时眼前一亮。

最后，莫离混在一群小孩子之间玩旋转木马、碰碰车，妈妈在外面摆弄手机，抓拍到她咧开嘴笑的一瞬间。

## 4

这天，吃过晚饭，莫离在客厅看电视，狗血八点档的泡沫剧，她却看得津津有味感同身受。女主角也是从福利院领养来的小孩儿，因为一些事情，她被领养家庭遗弃，收拾了自己的行李，又被送回福利院去了。

莫离的心揪了起来，看着女主角泪流满面，她也想哭。

然后她听到房间里似乎有人在吵架，细细碎碎的声音飘进她的耳朵。

## 5

几天后的餐桌上，莫离欲言又止，妈妈看出来了，温柔地哄她，问她发生什么事了，莫离组织了一下语言，开口道:"妈妈……呃不,阿姨,我想过了,我还是不太能适应这里的生活,当然大家对我都很好,我也很开心,可是……嗯,我能不能回去福利院呢?"

虽然妈妈的脸上有遗憾,但莫离还是感觉到她突然松了一口气。

原来没听错啊,因为之前妈妈曾向朋友透露过想要领养一个女孩儿的事,后来领养了莫离也忘了跟朋友说,直到朋友给妈妈找到了另一个女孩儿,看样子她更喜欢那个女孩儿,却碍于面子不知道如何跟莫离交代。莫离有点失落,却谈不上伤心难过。

她照样回房间收拾自己的东西,就像来时一样,依旧一个小行李袋搞定,新父母给她买的东西她全都没有带走。

也是这时候,莫离才真正意识到她虽然在这过得开心却不踏实的原因,是归属感。

莫离对这个家没有归属感,经过几个月的相处,她在这个家里生活的痕迹已经有了,阳台有她未干的衣服;洗手间有她的牙刷和杯子;客厅茶几上有她还没写完的作业;她随手画的画,被弟弟贴在客厅墙上显眼的地方……

可是那些都不及莫离的小行李袋重要,小行李袋里装着莫离的心,让莫离有安全感,那是真正属于她的实实在在的东西。她不用担心被谁抢走,虽然别人不一定看得上,但那都是她的宝贝。

## 6

莫离在黄昏时分回到福利院,无视其他孩子的目光,默默回到自己房间。

她听见有人在谈论她:"莫离,莫离!有这个名字,却还总是被遗弃……"

莫离倚着窗看着快要落尽的夕阳,不远处的草丛里,一只小小的蜗牛顺着草秆用力地往上爬,她看着它,想着,我是真的,想要有个家啊。

# 曾经，有一个少年

Replay

### 犹记得那年初识

那年，我们是初一学生。

因为班主任的一次调座，那个阳光明媚的下午，我们成了同桌。

没有自我介绍。当我迟疑地拉开你身边那把椅子坐下时，你一直看着窗外，头也不回。你脸上带着的漠然，让我的一句"Hi"在嘴边绕了几圈又被压回喉咙深处。

这是同桌，总会熟悉的。我在心里悄悄对自己说。

### 未曾想过会动心

我们同桌了整整三个月。

每个月，班主任都会进行一次大换位。不知为何，每次的新座位表上，我依旧在原来的位置，身边的人一直都是你。

我们是班里同桌时间最久的两个人，却也是相互之间最不熟悉的两个人。连彼此的名字都是从作业本上知道的。班里的其他人，几天时间便能与同桌谈笑风生，可我们的交流次数屈指可数。即便如此，我还是将你加为QQ好友。

所以，我也不知道为什么，我竟对你动了心。

总是莫名其妙想起你。日记中开始出现你的名字。梦境开始有你的造访。

我不知道究竟何时对你动了心，我只记得，那天我刷新好友列表时恰好看见你上线，那瞬间的心跳快得无法抑制。

### 那时我说喜欢你

新学期开学，班主任再一次编排座位。这次的座位表上，我的名字旁边终于不再是你的名字。

没有想象中的如释重负，却有些淡淡的不舍。我们安静地收拾东西，然后将书本杂物搬到各自的新座位。依旧没有任何交流。

然后我开始寻找一切机会看你，开始频繁地关注你的各种动态。

我们再也没能同桌,甚至连前后桌都是奢望。后来的我们,座位总是相隔遥远,所以我为每次的靠近而暗自欣喜。

时间太瘦,指缝太宽。时间悄悄从指缝间流走,一眨眼我的暗恋时光竟已一年半。那时候的我们,即将初三,面临分班。

也许再也不可能呼吸同一个教室的空气,于是在暑假里那个燥热的中午,我在QQ上给你发了一条讯息。

我说,"我喜欢你。"

半晌,你说,"学习为重。"

看到这句话的同时,我知道,也许我该放弃了。

## 割舍不了的喜欢

新学期开学,我来到了没有你的新班级。

我以为我们再也不会遇见,没想到你和我最好的朋友同班。

我总是打着找我好朋友的旗号,频繁出现在你们班教室外,偷偷看你一眼。有时撞上你的视线,我会慌慌张张地移开我的视线。

初三那一年,我的学习状态大不如前,因为我总是想起你……上课时莫名其妙想起你然后走神儿,写作业时无缘无故想起你然后发呆。

我的成绩起伏不定。

后来的中考，我沦为了一个失败者。而你，依旧那样优秀。

我选择了交上万元的赞助费留在本校直升高中。不仅仅因为这里的高中部是出了名的高考一本率百分百，更因为你在这里。

可是，现在的我常常在想，我当初的选择，到底是否正确。

## 深夜的相谈甚欢

中考后的那个暑假，我们重新有了交集。而这些的发生，源于一场误会。

说是误会，其实也没什么大不了的。不过就是我认识的一个女生去跟你开了个玩笑，我在你们周旋时发了条空间动态，你看到了那条动态后以为她和我联合耍了你。

你说："很可笑是吧，平常都是我在玩别人，今天轮到别人来玩我了。"

我一字一句地打下了回复："我也觉得自己很可笑，就这么卑微地喜欢了你三年，更可笑的是，我到现在依然喜欢你。"

唔，你一定是慌了。

你说我不该喜欢你的。

所以呢？即使我也这么觉得，我依然放不下你。那时候的我，还没有积累足够多的失望，以戒掉对你的暧昧幻想。

所以，你对我存了份内疚。

也就是这份内疚，让你想要补偿我。所以……你陪我在深夜时聊天。

那是我最开心的几天，连吃饭睡觉都是笑着的。妈妈问我是不是有什么好事发生了因为我突然就笑得好开心，我回过神来敷衍着说突然想到一些好玩的事情。

甚至……我们还打了一个赌。你说，"如果我输了，我就得无条件为你做一件事。"

我当然知道那个赌我一定会输，但我还是答应了。连续几天，我都在猜测着你准备让我做些什么，怀着雀跃的心情。

最后你让我做的事，不过就是在开学的前一天发条空间说说："开学了，真开心。"

### 擦肩而过便陌路

高中开学了。

我们并不同班也不在同一楼层，很多时候我都在庆幸。但更多时候，我会有点淡淡的失落。

不过，我们常常会遇到呢。

楼梯口，食堂，操场。

即使临开学前我们依旧在QQ上那么热络地聊天，我们见面时，终究还是不会朝彼此露出一个微笑，也不会开口说声"嗨"，更不会抬手打招呼。

总是迎面遇上的我们，往往是目光交汇一两秒然后双双移开，或许我们都在等着对方打招呼吧。但我们谁都不是主动的人，所以每次都只是装作不认识，低了头匆匆擦肩而过。

我时不时还会去初中部，只为了去看一眼光荣榜。你的优秀让你的照片你的名字你的分数登上了光荣榜，但它们隐没在一群和你一样优秀的同学之中。

但每次我都能一眼找到你，不知为什么。

### 我懂所以我退出

因为那场误会，你和那个女生成了朋友，而她也和我成了闺密。你告诉她，我曾经向你表白过。

所以我多了一个可以敞开心扉的朋友……说起来还得感谢你呢。

一个学期快要结束的时候，你告诉她，你有喜欢的女生了。她小心翼翼地把你们的聊天记录发给我看。记录中，你说，你对我一点儿感觉都没有。

只因为这句话，我狠狠地哭了一个晚上。然后我决定，这次一定要放下你，因为你已经有你喜欢的女生了啊。

你会为了见她一面制造偶遇；你会为了陪她聊天不惜熬夜；你会因为她，体会到喜欢一个人的欣喜、苦恼、忐忑。这些感觉我都懂，因为你才懂，所以我选择退出。

## 终于一切成过往

现在的我，捧着手机平静地打下这些文字。

只是为了祭奠我的喜欢。

现在的我，不会再刻意地制造偶遇。再次分班后，你选了理科而我选了文科，自此殊途。

哦，不，我们从来都不是同路人。

我们的教室相隔很远，我在二楼而你在五楼。没了我的刻意，我们其实很难相遇。毕竟，校园很大。

终于，我可以站在你的面前，坦然地告诉你，我曾经是很喜欢你，但我现在终于学会了放下。

我对你再也没有幻想，我对你终于彻底死心。我不再会每时每刻都想起你，在我的眼中你只是我的一个同学、一个朋友。仅此而已。

我没有把你从我的好友列表里删除，也没有将你的电话号码从我通讯录里删除。但是，我把你从我心里删除了。从此不必在你面前小心翼翼地保持形象,从此做回我自己。

## 后　　记

如果时光真的可以倒流,我想要回到我们初识的那天。我会微笑着对你说,"嗨,以后我们就是同桌了,请多多关照。"

# 再见，我的女孩儿

沐　沐

## 1

沈夏，距离你我第三次有分歧又和好只有七天。我们的每一次握手言和都只是为了酝酿下一次的彼此伤害，其实就像是饮鸩止渴、以毒攻毒，明知道过不下去却执意伤害自己牺牲自己来换取一时的平静。我明明是一个任性张扬、肆意洒脱的人，可是在你面前却乖得像只小猫。看来那句话说得没错，情字就是含笑饮砒霜。可惜，我们不是爱情，否则我就可以一笑而过然后断个彻底。是友情，所以才那么的撕心裂肺。

## 2

你是水，我是鱼。

我现在就像一尾被丢弃在沙滩上的鱼，身体里没有一丝水分，所以我决定做一条直接呼吸空气的鱼，学会适应没有你的时光。

## 3

我以为我会一直孤独下去。

谁知高一下学期的时候遇见了你。我匆匆扫过13班的学员表，在44号找到了自己的名字。邱秋，小小的名字龟缩在角落。是重新分的班，大多都是生面孔。我和谢泽凡聊了会儿，聊到最后连座号也扯进来呱白（闲聊）。我不怀好意地打趣他是个"二货"。"1302，怎么不是一生都二呢，二货少年！"他不服气地将你扯出："看这有一个更二的。"我顺着他手指的方向看到，22号沈夏。看来没有最二，只有更二。最后战火又烧到了我的身上。"沐沐，你和沈夏这么有缘，你是44号！有什么不对吗？"我不解地问，心里头却有了不祥的预感，难道……他兴奋地讲，"你是44，2的22倍，最二的是你。"我扯了扯嘴角，敷衍地一笑。心里却在默念：收了这个妖孽。不过，是挺有缘的。

可是,我没有想到我会和一个人有那么深的羁绊。

## 4

那一天,闭目在经殿的香雾中,
蓦然听见,你诵经中的真言;
那一月,我摇动所有的经筒,
不为超度,只为触摸你的指尖;
那一年,磕长头匍匐在山路,
不为觐见,只为贴着你的温暖;
那一世,转山转水转佛塔啊,
不为修来生,
只为途中与你相见……

一首《那一天》,是那么的情真熨帖。"不为修来生,只为途中与你相见"。幸好,我们在途中相见了。

## 5

时间是最无情的魔术师。

因为永远没法"人生若只如初见",所以才会留下缺憾。像给了你一袭华美的纱裙,却因为款式轻薄无法御寒，让你在寒冬里瑟瑟发抖。我们是不是也是这样，热闹开场，萧瑟落幕？

6

你说我喜欢"心有猛虎，细嗅蔷薇"，好忧伤。明明可以心无猛虎，明明可以不只是细嗅蔷薇的。很多时候，当你不是蔷薇，看到的与得到的，往往是另一种心情。可事实不是，每个人都有自己的选择，会在不同的人面前展现不同的自己。

7

其实我不是蔷薇，我只是猛虎。最后，我们一起去教室，回寝室，去食堂。

在食堂第四次碰见化学老师丹丹，她说："你们俩是连体婴儿么，一直在一起。"我笑着答："怎么，丹丹姐嫉妒了吗？我们是闺密，最好的那种。"我笑得很开心，挽着你的手不肯放开。哈哈，得逞了呢。

8

你让我叫你糟糟。糟糟，朝朝，沐沐，暮暮，朝生暮死。我用玩笑的口吻跟你说,"怎么办,朝生暮死呢。"你也只是笑笑。其实朝生暮死,这样也好。

## 9

在我觉得"忽如一夜春风来,千树万树梨花开"的时候,你却来了个"归去,也无风雨也无晴"。

我们的关系几乎是瞬间就恶化了。没有预兆,没有伏笔。我们没有话语,没有动作,像最熟悉的陌生人。

## 10

悲伤的日子没有长久,莫名其妙地我们又和好,在你给我写了一封信后。信是这样写的。

沐沐:

现在在上语文课。昨天就打算写这个了,确切地说,是昨天下午。看到你和那个女生在一起,很high的样子。我就知道,其实我们不适合腻在一起。我一直都很闷,我弟讲的,我也清楚。我是不喜欢有些人给我的感觉,于是把不好的感觉给了别人。初三的时候,有一个朋友,我们就是那种形影不离的人,就算很少说话,但渐渐可以习惯对方的习惯。她不喜欢热闹与聒噪，和我差不多。

　　当然知道，你不是那种安静的人，所以很多时候会很闷，但愿你会习惯。一切照旧。

　　我没有回信，不知道回什么，但和好了也就无须解释了。

## 11

　　有些事，不是妥协退让就可以的。有些人，不是包容挽留就可以的。裂缝一直都在，只是我选择了视而不见。

## 12

　　一如往常，我们一起上下学，去吃饭，逛书店，好像什么都没发生过似的。

　　谁知第二次"世界大战"的硝烟再起，这次与上次不同。如果上次是你情绪的失常，那这次就是你情绪的变异。跟地震一样，每上升一级破坏力就扩大30的N次方倍。

　　从前，你会在转角处等我，一转身就会有踏实的感觉。可是冷战开始时，我们便颇有一些向左走向右走的悲情色彩。

不会是这样的,也不应该是这样的。到底哪一环出了差错?我不知道。我只知道当我孤身一人傻傻地站在食堂门口时,我就没有了食欲。眼睛酸酸的,好像要流泪了。

不行,沐沐是从来不哭的。

不哭。

不哭。

绝不哭。

## 13

但愿长醉不愿醒,最终颓废得令我心悸。至今回想起来,像是一场虚幻的梦,却真实得很。我随意散漫,每每总在课上神游,所幸我是在倒数几排,又将书垒得高高的,正好挡住了我睡眼惺忪的样子。我双眼迷离,看不出目光落在哪儿,可我知道焦点都在你那。动的你,笑的你,你如原来一样,什么都没变。我扯动嘴角,自嘲地笑笑,放不开会难过的是我,只是我。

## 14

有点想不开了呢。在这样子的死胡同里走了这么久,走累了。可当我好像看见了出口时,我听见你的呼喊。回头，你递过来一盒明信片，粉色的。上面的女孩儿笑得灿烂开怀，是那种明媚阳光般的笑。什么意思？我有些捉摸不透你的意思。你又给我递上了一个梨，上面用便利贴写着几个字："把梨吃掉，便是不离。"梨是淡黄色的，很轻柔的淡黄色，不是那种澄澄的黄，我记得分明。我慢慢地吃梨，梨不是很鲜嫩，总觉得有些渣，是老了吧。为什么会这样，我虽不解却仍一口一口把它吃掉。不离了吗？

和好？如初？

不可能。

破镜重圆，那道痕一定会成为喉间的鲠，眼里的沙，心头的刺。

## 15

其实，我花了好长时间才明白我要的只是那一份温暖或者那一个微笑。我只是希望，当我累了倦了冷了，有一个可以倚靠的肩膀，得到安慰与希望。而你恰好在那个对的时间出现罢了。因为执念，因为眷恋，才会有不舍，才会有不安，才会愈加患得患失，小心翼翼。而现在，我真的开始累了。我们不离，但是心却再也不能靠近。

所以，再见，我的女孩儿。

愿你平安喜乐，一世安稳，岁月静好。

## 校服的颜色

热马赞

### 一

去晒衣服时,我发现阳台上有一团脏兮兮的破布,看不出它的本来面目,只是隐隐约约竟然有种熟悉的感觉。

好奇之下,我拿起破布放进盆里加水清洗。洗干净后晾晒在阳光下,洁白的衣袖和深蓝的衣摆。

竟然是我曾经穿了三年的初中校服,我认出了它。

### 二

想当初,初三临近中考的时候,要拍毕业照。

班主任特意开班会告诉我们明天拍毕业照时一定要

穿得漂亮点儿，把最好看的一面留在照片里，留着将来怀念。当别的同学都在商量明天穿什么衣服才能显得更出众时，同桌却毅然决然地决定明天依旧穿校服。她说，"你想，明天大家都不穿校服了，我们俩穿才显得我们不一样嘛。"我深有同感。于是在我们的初中毕业照上，一群花花绿绿的衣服中间就夹杂着两件熟悉又特殊的校服。

年轻的脸庞上都挂着浅浅的笑，身上洁白的衣袖和深蓝的衣摆被风吹得微鼓。

三

毕业嘛，总少不了离别赠言。

我们上几届的学长学姐们的做法是买个同学录或者笔记本让关系好的同学挨个写。但在我们这一届，离别赠言什么的却都直接让人写在了校服上。因为校服的上半部分是白色的，用黑色的签字笔写特别显眼，就和写在白纸上一样。所以毕业后，大多数人的校服远远看上去像是黑色一样，上面密密麻麻地都写满了字。没想到洁白深蓝的校服到毕业时竟然变成了浅黑深蓝。

而那年和我一起穿校服拍毕业照的好同桌，时隔几年相遇后她告诉我，她的校服原本写满了字，可是后来被她不知情的妈妈给洗干净了，她不死心，又拿笔按照浅淡的字迹描了出来。她说，比起毕业照什么的，她觉得这才是她整个初中时代最好的纪念品。然后我就告诉她,其实我的校服上干干净净的什么都没往上写,它还是原来的那个老样子。洁白,还有深蓝。

她问我为什么,我告诉她,因为我觉得,其实校服,本身就是我们学生时代最好的纪念品。

## 四

我们学校的校服,无论颜色还是款式,每一届都不一样。

我们毕业之后,有同学回母校作演讲。我和朋友去捧场。我站在熟悉的操场上四处望,满眼都是红黄绿,怎么也看不见那年的洁白和深蓝。朋友吐槽说学校的这些新校服丑得让他想到了扫大街的大妈们,完全不能跟我们那时候穿的校服比。

我说我记得以前我们刚发校服时你还吐槽说校服丑得让你想到了百货大楼的服务员。可后来还是穿了三年。

大概世间所有的校服必须穿时都是丑的,再也不用穿时都是美的。毕业之后我们走在大街上,再也不会看见和自己穿着同样校服的人嬉笑走过。

那时被我们不断嫌弃吐槽的校服,就成了我们后来回忆青春的独家记忆。

# 橡 皮 外 衣

周 颖

我还是不能够像从前一样踏踏实实地坐在那里一心做题，我野了，却只能任由自己这样野着，有心无力着。

送你的"孔庙祈福"的橡皮此时正安静地躺在我的桌上，白天放在书包里，忘了拿给你。橡皮外衣已随着你双手、课桌的触碰，磨损得特别明显，不那么美好，不那么整洁了。

就这么想起初中那时的我了，喜欢写自动笔的我，喜欢将买回来的橡皮包装统统褪去，包裹上自己裁剪的外衣，再贴上喜欢的贴画，而后用透明胶布再绑上一层，避免它在以后的日子中磨损。那时的我，甚至有想过开一家史无前例的橡皮小屋，卖卖橡皮，主打橡皮外衣。甚至还认真地纠结起了它的零售价，是定为0.5元，还是1.5元呢？我真的有很认真地规划过这间小屋……透明的玻璃柜里，橡皮外衣一字排开，我就这么坐在那店主的位置上，看着如我般年纪的女孩儿们在那惊叹着各式各样精美的橡皮外衣，偶尔当她们拿不定主意的时候，我也会掩饰不住内心的小喜悦、小满足。若不是每一件橡皮外衣都那么出色，她们又怎么会这么举棋不定呢？我就这么坐在那小屋里看着橡皮外衣们一个人偷偷乐着。

这些，都是我不曾记下、不曾告诉过别人的小小事件。毕竟，年少的我们总是会臆想得很远、很开，就只是偶尔地那么想想，无关于理想和未来。生活的轨道也是有节律地铺展着，两点一线，说单调其实也充实，充满着各种各样的乐子。

那时候，我们还不会用"可爱"来形容同班男生，还没遇见"猥琐"一词，还没与"挫神"邂逅；就只是在一个小圈子里，自娱自乐，自守一方梦想默默前行奋斗着，直至成为生活的一种习惯，就像水溶于水，终将浑然难分。

我发现自己曾经总是比别人慢半拍，夸张点儿形容，是活在某些女同学几年前的状态。我只知道郭敬明是个拍广告的，于是初步在脑海里认定他是个演员，直到后座的女同学捧来郭敬明厚厚的小说时，我甚至在心里鄙夷他利用自己出名的演员身份来跨行写些不属于他本行的小说这一行为。所以，在她们疯迷郭敬明文字的日子里，我从没正眼瞧过这"演员的小说"……直到现在，高二的我，开始爱上这个人,这个人的生活,生活里的琐碎拼凑出的文字……我的书架里,大部分都是小四的最世文化书籍。我喜欢他的直言、直率、直面。

我也喜欢上他的小说,甚至为小说里人物的悲欢离合哭得不能自已……我收藏每一本我读来不错的出自他手的小说,同学有时也无法理解我砸钱于小说的行为。你不懂,犹如两年前的我不懂,是一样的。人生说漫长也漫长,在这漫长的时光里,难得几回喜欢,难得几回专注,更难得几回专注的喜欢……

走着,走着,跑跑停停走走,有时候我甚至快忘了自己。偶尔只是那么些真实存在过的细节,刚好触碰至心底深处的某一根轻弦,只听见那一声清脆的崩裂声,而后便是铺天盖地的零零碎碎的片段慢慢席卷所有血液可及之处,满满当当,真真切切的全是曾经的自己。

我快迷失了,快忘了自己了,还有那曾经绚烂过我大半初中时光的橡皮外衣。我很挂念你,不知道你在那段时光里可好,阳光可否明媚,心情可否美丽?

我只想要你一个大大的拥抱,给我一件耐磨损的橡皮外衣,可以装饰一下我剩下的一年的黯然无光的高三生活!

如果可以,记得快递过来,我急需——"橡皮外衣"!

**后记**：好像人开始慢慢成长，就会慢慢地缅怀过去的种种。无论是失败的，还是伟大的；苍白的，还是绚烂的，都变成像是甘草棒一样，在嘴里嚼出新的滋味。甜蜜里是淡淡的苦涩，让人禁不住轻轻皱起眉头。时光可以倒流的前提，一定是要让我保留这些年的记忆。

# 哪有胜利可言，挺住意味一切

李阿宅

1

上午惟念发消息说："到底什么时候才能一起吃肉啊？"

你看她那肉嘟嘟的包子脸就知道，这妞准是标准的吃货一枚。在我不到九十斤的体重刺激下，她总是嚷嚷着减肥，可一而再再而三地败在美食餐盘前。我一贯不喜欢跟她废话，说："你来济南我请你吃。"

很奇怪，从我和惟念一拍即合决定成为朋友那天开始，就许诺了很多次要去看对方。在彼此都走过很远的路，看过旅途上不同的风景之后，仍旧未能成行，这真让人遗憾呀。

谊切苔岑这类的词语不适合我和惟念的友情,携手并肩……姑且算吧。

如果时间退回到2011年的春天,我大概不会想到我带着套近乎的心情加上的那个叫惟念的姑娘会陪伴我那么久。

2011年的时候,我和惟念都刚开始写文章。她写实体杂志,我混迹于网络文学论坛,写一些四十五度仰望天空,再使劲儿一点儿能把脖子扭断的忧伤文字,以此获得网络空间里那些虚无缥缈的人气,满足自己那会儿像是氢气球一样膨胀的虚荣心。而惟念虽在某本已经停刊了的校园杂志上略有薄名,但总体而言也仍旧是默默无闻的"小透明"。

那时候我在泰山脚下的一所学校混日子,她在暗无天日的高三里苦苦挣扎,明明不是一类人,却因为奇怪的缘分而变得熟悉起来。

纵使在网络如此发达的今天,我们仍旧会给对方寄很多情深意重的手写信。听她在信里絮絮叨叨地给我讲述那些被她搞砸的关系;那些曾经相拥取暖,如今却放下狠话不再联系的旧人;那些像是可以在宿舍里熬一大锅鸡汤那样的简单美好的小愿望。我看着素白的信纸上用黑色碳素笔勾勒出来的字迹,想象着她是否像我一样,会在秋天愈发浓厚的时候想起彼此。她与恋人吵架,我陪着忧伤,我暗恋男生,她为我出谋划策,"革命"友谊日渐深厚。

## 2

我们一起熬过很多个黑夜,两个人守在各自的电脑前面,写着一篇一篇不知结果如何的稿子。在坚持的过程里,也时常因为被不同的编辑否定而自我放弃,任性地说以后再也不要写了。但是隔天,我们又会凑到一起,给对方的稿子提意见。大概是上天被我们的执着打动,写出来的故事终于陆陆续续地发表出来,惟念更是慢慢站稳了脚跟。每期编辑一发出来过稿函,第一眼就找她的名字成了我的习惯,很多次败在终审关卡上的我,从头到脚都满是浓浓的挫败感。我觉得惟念越走越远,但自己好像一直在原地徘徊,没有任何长进。

我跟惟念说:"我想放弃了,可能我真的不适合这条路。"她立即发来一条消息说:"不许放弃,紧紧拉着我,我们一起走。"

她在寄给我的信中写到:"你的年龄多大,我不关心,我想知道,为了爱,为了梦,为了生机勃勃的奇迹,你是否像个傻瓜一样冒险。"

其实惟念不知道,她的存在给了我多少继续坚持的勇气。大概老天爷知道我是一个没有天赋、缺乏毅力的人,于是将她送到我的身边,让我在坚持不下去的时候,伸出手拉我一把。命运是注定要我们在日后结伴而行——哪怕仅仅是精神的"我与你并肩作战"的方式。

## 3

曾经我们一同写字的朋友如今大多已散落天涯，而我们仍旧坚持着写字，保持着情谊，这多少让人觉得难能可贵。不是没有质疑过会陪伴多久，但至少从未怀疑过这份弥足珍贵的友情。那段时间，惟念和我们共同的好朋友吵架，最后双方红了脸，互相不再理睬。惟念是重感情的人，于是拉下脸去讲和，朋友或许也在气头上，说话难免带着刺。惟念委屈，打电话声音哽咽着说："我不想有一天咱俩也不理对方。"

我向来相信聚散皆是缘，一时凝噎，给不了她承诺。

她吸了吸鼻子，声音霸气且中气十足地说："不说话就当默认了。以后不理我，你就是负了我，我去写稿子让大家都来骂你这个负心汉。"

这是哪跟哪啊？我都没有反应过来，她就挂了电话，然后迅速发过来一条短信说："最初陪伴的人要走到最后。"

## 4

曾经我问她："我们什么时候能成为'大神'啊？"

她说："只要我们坚持不放弃，一定能成的。"

确实，这些年惟念写字越来越顺，喜欢她的人越来越多，她的文字真实且饱满。那些打动了很多读者的文字大多都是她经历过的，她感情丰沛，相信爱，坚信爱。纵使这么多年来，命运从未给过她一份可供依靠的感情，可她依旧是烽火连天的感情里不戴盔甲的女战士。认识这些年，我见证了她的长情和真诚，比如她一写再写的雨伞君。我从未想过要去劝她，我知道劝也劝不住，她本该就是这般刚烈带着血性的姑娘。而她所经历过的这些故事，也都是她记忆匣子里最丰盈的故事。她一直都是这样的人。她的张扬和自信在我面对负面能量时鼓舞了我的斗志和勇气。

亲爱的姑娘，是你的坚持，让我们两个人的梦想渐渐守得云开见月明，一步步朝着柳暗花明的方向前进。你像是一株朝着太阳生长的向日葵，带着温暖的笑容，明媚了那么多人晦涩的青春。把臂同游还未实现，但来日方长，机会总是有的，我等你沿河饮马归来。

# 和梦一起飞翔

刘 轶

我说，马儿驰骋莽原，是为了追赶天边的彩虹。

我说，雄鹰搏击长空，是为了实现昔日的梦想。

有梦才有翅膀，梦如一缕清泉，滋润我心田；梦如一米阳光，温暖我胸膛。

和梦想一起飞翔。因为有了梦想，才有了昔日项羽的"彼可取而代之"的豪言，才有了楚霸王的"力拔山兮气盖世"。因为有了梦想,才有"燕雀安知鸿鹄之志哉"的陈胜，才有惊天动地的大泽乡起义。

杜甫老了，可梦没有老，于是乎，就有了"安得广厦千万间"的呐喊；东坡老了，可梦没有老，所以就有了"会挽雕弓如满月"。辛弃疾老了，可梦没有老，否则，怎么会有"醉里挑灯看剑，梦回吹角连营"？曹孟德大概也老了吧，要不怎么会发出"老骥伏枥，志在千里，烈士暮年，壮心不已"的慨叹呢？人虽老，梦未老，所以才能翱翔于五千年的文化天空中，因为他们是和梦一起飞翔的。

整日怀揣宝剑，游走于市井街头的韩信，终于没有永远沉默下去。因为他有一个永远不灭的梦，所以纵然他受过胯下之辱，也掩盖不住他日后的璀璨。

十年磨一剑，纵然身为马夫，纵然卧薪尝胆，纵然只有三千越甲，也阻挡不了勾践前进的步伐。为什么？只因为勾践有报仇雪耻的不灭的梦想，这梦想伴他飞越十年岁月成就霸业。

是谁在歌唱，温暖我心房，是谁在舞动，闪耀着光芒，是千年石窟里的"飞天"壁画，也许是因为中华民族有着千年的飞天梦想，才有今朝神舟的飞天，今朝"嫦娥"的奔月。

有梦想，才有翅膀，今天中国借助神舟往来天地间，靠什么？靠的是几代航天人用梦想创造的翅膀。

也许我们还要用梦想编织出登月的翅膀，这天必将很快到来，因为几千年来，中华民族都是与梦想一起飞翔的。

无论是昔日东坡、韩信，还是今日的飞天英雄，中华民族从个人到国家，都是伴着梦想一路飞翔而来的。

这一传统，还将继续到永远，永远！

*她眼底有光*

## 我的青春长着你的模样

任 兰

突然间想起今年夏天的狂欢,湿热暧昧的季节,简陋的场地上,光线幽暗。你背着心爱的木吉他,微锁着眉毛,烟嗓一遍一遍地弹唱那首《成都》,华灯打在清瘦的你的身上,荡开淡淡的光晕,台下年轻的姑娘安静地听着。你伸出系着黄丝带的右手,俯下身子,迎上台下那一只只系着同样丝带的手,眼神温柔宁静,笑容明媚了整个世界。我在远方的这头,一个人安静地看完演出的视频,看完关于你的点点滴滴。然后点开微博,带着丝丝的心酸给你一个陌生的拥抱。

刘先生,你一定不知道,在这个人潮涌动的世界上,在遥远的南方小城,有个固执而勇敢的女孩儿,悄悄地把你写进青春,写进她的生命里。正如你一定不知道,我见过你最初的模样,你唱了你自己,后来把我唱了进去,兜兜转转再也找不着出路。

交集的开始是在2012年的夏天,如果不是无意间点开湖南卫视的《天天向上》,如果不是因为第一眼就被瘦瘦小小的你吸引住了,那么现在我就没有这个故事要讲了。那年你十五岁,理着短发,穿一件洁白的衬衫。小小的身子背着大大的吉他,笑容青涩腼腆,你唱了一首原创《蝴蝶花》,有点儿沙哑又干净的声音。因为那首歌你得到了很高的评价,也因为你的才华成功地进入了RTA组合。很久以后我再看这段视频,想起了一句话:一首歌,一个人,一辈子。

后来的日子里,我跟所有固执的追星族一样,下载所有你的歌,看遍所有你的视频,保存所有你的图片,在绚烂的年华里做着不切实际的梦。流水匆匆,带走了我们的喜怒哀乐,带走我们的光阴岁月,唯一带不走的是你对音乐的执著和我对你的执著。从2010到2014年,四年时光打马而过,仿佛我只是看了几部电影,时光就不着痕迹地溜走了。四年里,发生了很多事,改变了很多人。我从扎着羊角辫的小女孩儿变成长发长裙的姑娘,从初中到高三。院子里的桑椹树都长得老高了,就像你一样,笔直挺拔。

《少进》热播以后,你有了一定的人气,有人说你有才,有人说你矮,有人说你爷们儿,有人说你装深沉。你只是淡淡一笑,不卑不亢走了过来。

新专辑出来后,RTA开了全国签售会,更多的人关注到了你，有人喜欢你的原创，有人嘲笑你僵硬的舞姿。你看在眼里，不喜不愠。

　　组合解散以后，你最先发出来消息，铺天盖地的责问向你涌来，你被猜疑，被咒骂。小小的火药军团撑起了还不够丰满的翅膀，你说别怕有我在。你不做辩解也不反击，挺直消瘦的背影，一路上，流言蜚语也阻止不了你的脚步。

　　你单飞后走向自由创作的道路，带着你对音乐最纯粹的热爱。不为名利，不为大红大紫，像一阵风一样，自由翱翔。你放弃了大学，孤军北上，闲时把把吉他，耍耍佛珠，和朋友吃吃火锅喝喝茶，一路开巡演，洒脱欢快。我一路追随你的脚步，目光从未离开，这种偏执又炙热的爱早已不是四年前那般庸俗的感情，它比爱情长久，比友情浓郁。对我而言，你不只是偶像，不只是男神，更是我人生的导师，梦想路上的一盏明灯。当年那个想要长大以后嫁给你的小丫头已经把你当做她的家人，她生命里永远也带不走的一部分。

　　刘俊麟先生，我想给你讲一个故事，这个故事很简单：我人生中最庆幸的是四年前我认识了你。现在我依然爱你。

# 她眼底有光

大白菜

最后一节课下课铃响的时候我看见班长阿楠了。我喊了她一声,她朝我走过来。

我问她:"有没有好点儿?"

她说:"还在吃药。"

我又问:"是不是要来考试?"

她说:"对,先来看试室。"

高二开学前一天,我们提前去报到,为了让自己静下心来,我故意选在最后靠窗的位子坐下。后两排全都是男生,看着前面的女生们都在兴高采烈地跟新同桌交谈,我开始感觉有点孤独。

这时候阿楠来了,在最后一排的后面自己添了一张桌子坐下。

那时候还是盛夏，天气热得不行。阿楠背着的书包就像我去军训时背的那样，被东西填得酷似炸药包。她身上披着我小学时妈妈爱给我买的那种蝴蝶形状的、质地像蚊帐一样的防晒衣。她出了一身汗，头发黏糊糊地贴在脸上，身上的紫色T恤也被染成了深色，我隔着一条过道还是可以闻到她身上浓浓的汗味。

原本以为有"战友"了，想想，还是算了吧……然后她的手机响了，掏出来的是九键的诺基亚，打完电话后在书包里掏出一把扇子，扇着风向我走过来。

"同学，你有上学期期末考试的试卷吗？"

"没有，要讲吗？"

她就坐在我旁边，身上的味道真的好浓啊。

她说："应该会讲的。"然后自己意味深长地点点头，斜着眼望向窗外。那时候她的表情，再加上手上轻轻挥动的扇子，整个画面就像一个算命先生在帮我仔仔细细地掂量我的前世和今生好吧！

我本以为这样的一个人会自卑，会不近人情，会各种不合群。可出乎我的意料，她成了我们的班长！

第一节班会自我介绍的时候，她走上讲台一开口就是英语。当时后排的男生们一下子就不淡定了，我目瞪口呆地看着她，当她流利地讲完了一大篇文不加点的英文后，我对她的印象就彻底地颠覆了，高手在民间啊……

接下去的日子，她以非凡的气度和无比的责任心赢得了所有人的认可和尊重，就在我们在心里为她点了无数个赞，幻想着有这么一位优秀的班长会带领我们班奔向美好明天的时候，她的身体又开始不好了。

我用的是，又。

她跟我们说，她是留级的。原本是在高二（3）班读，这学期本应该升到高三（3）班，可因为身体不好，上学期几乎没到学校上几天的课。于是她重读了。

通过对她一点一点的了解，我发现她经历了很多。有一次写作文，她说《陈情表》让她很有感触。因为她的父母从她很小的时候就不在她身边，是奶奶把她拉扯大的。

她说小时候一直有同龄的孩子欺负她，说她是没爸妈的孩子。她奶奶一直保护她，告诉她你不比别人差。

我知道的只有这些了。那天大家都在匆匆赶作文，而我也不敢去揭她心里的伤疤。


第一次月考，阿楠考了全班第一。

我指着成绩单跟同桌说："她真的很了不起。"班里的大事小事她都照顾得有条不紊，还可以考得那么好。相比之下我都不知道自己的时间到底花在哪里了。

而月考之后她的身体每况愈下，缺课的次数也越来越多。有一天她来上课了，我刚好在路上碰到她，我问她："最近落下很多功课了吧？"

她说:"不会,我有个哥哥最近回家休假,有帮我辅导功课。"

那时候是高二开学后的第二个月,我还没有调整好节奏,整天焦头烂额地在六个科目之间横冲直撞,效率却低得要命。总是感觉时间不够用,晚上十二点作业还没写完,焦虑得要死,巴不得一天有四十八个小时,又特别地期盼星期六、星期天快点儿到来,好让我喘一口气,我真的要气绝身亡了!

我问她:"你会不会感觉到学习很累?"

"不会。"她很坚定地回答,"有人告诉我,每个人的力量都是无穷的,我们只释放出来一点点而已,还可以再多一点儿的。"

她说这句话的时候我们正在上楼梯,踏上二楼的平台时我看见她的眼睛里有光,特别的亮。那之后我好几次看见太阳升起时拼命发出第一道光芒的时候,还有盘旋的飞鸟翅膀掠过阳光重新射入瞳孔的时候,我都会想到阿楠,想到她那天亮晶晶的双眼,有一股来自内心的力量。

当时我被震撼到了。

千千万万人说梦想,像她这样的少之又少。

惟念说过,不要一边闯刀山,一边喊疼。在她们面前,我的努力是那么那么渺小,我说"梦想"两个字之后觉得无地自容。

第二次月考前两个星期，阿楠都没有来上课。所以考试那天我在车棚遇见她，我真的吓傻了。

这可是我千方百计想要摆脱的考试啊，居然有一个人即使生病那么久没来上课也要坚持来考。这是一种什么样的精神，我从来没有见到过，但我知道那很棒，那是我应该孜孜以求的品质。

如果化学成绩没有莫名其妙在成绩单上消失的话，阿楠又是考了一个第一。考后的几天她都有来上课，但可以看出来她的身体真的差到不行。有一天她很晚来，我等她一起走，值日的老师呵斥我们快点跑进去，于是我拉起她的手就跑。

可她跟我说她跑不动了。我就帮她提书包，尽可能地走快点儿。但还是迟到了，我们在教学楼前被拦住，她一边大口喘气，一边跟值日老师说我是帮她提书包才迟到的。

后来，好像也没有后来了。在今天之前她都没再出现过。在第N次报她的座位号没来后，班主任说，以后她没来不用报了，如果来的话倒是要报一下。

旁边的同学轻轻笑出了声，我的心里却踩了一个空。怎么说呢，就像电视里那些晋级赛，被淘汰的人他们的照片就会暗下去，留给观众心里一阵遗憾的长鸣。

阿楠在我心中不是像花那样令人忍不住想要接近，而是有如扎根于灵魂深处的有力量的大树。

辽阔宁静，坚强不息。

她的身上的美好品质值得我一直学习，我相信她可以战胜病魔，一如她在我心中那样，态度坚定，眼底有光。

# 推开那扇门看看您

## 迪　卡

顺着熟悉的蜿蜒的乡间小道，远远地就望得到那间躲在砖瓦房后石砌的屋了。那里住着我最爱的人。踏过长满野草的小路，绕过几个弯，看见老旧的烟囱冒出袅袅炊烟，一旦有风吹起便散去了。或许您正坐在大灶台旁烧着柴火呢！

推开那扇已有锈迹的铁门，迎来的是您的笑容和关怀的言语。我板着脸，沉默不语。圆木桌摆着清粥小菜，我埋头吃了几口，又因为老妈斥责我的坏成绩而戳中泪点。那时候，您对我很失望吧？我将门上了锁，啜泣声也随即响起。桌上堆起一张张已被泪水浸湿的纸。您敲开门，反复念叨要我好好学习。

低落的心情在乡村的宁静里渐渐平复。晚饭后的闲暇时光，踩过铺着沙石板的小巷，独自散步来姑妈家。

小院里的灯光此刻显得冷清，冰凉的石桌旁唯有姑妈的身影。我唤了声姑妈，她放下手中的碗筷转过身，又连忙进屋里拿来椅子要我坐着，问我吃没吃。阿姑们都远行去他乡了，老姑丈与叔叔仍在外为未来奔波。姑妈的眼神黯淡下来。

我心头也不禁一颤，在我们离开故乡时，您是否也曾这般寂寞。您在这片土地过了一辈子，对它爱得深沉。您守着老屋，守着几亩粮田，守着年过三十精神不好的三儿。

辞别姑妈。小巷里的风凉飕飕的，很是刺骨。推开那扇已有锈迹的铁门，听到开门的声响，您从屋里探出头来。我搬来小凳子与你同坐，您笑了。笑起来的样子真美，想必年轻时您也是个美人吧？奶奶啊，让孙女来陪您聊聊天，这样您是不是就不会孤单了？

我告诉您我的校园生活我的老师以及我可爱的朋友们……我讲得起劲您听得也欢喜。

夜色更暗了，爸妈来接我回去。您站起来我也站起来。这时候我才发觉，我竟比您高出半个头！是您变矮了还是我长高了？您的头发也跟着发白，皱纹爬上了您饱经沧桑的脸庞，您的身体更是大不如从前。

您转身走进厨房，递上自己种的蔬菜和自己养的老母鸡下的蛋。拿起手电筒执意送我们至村口。我看着您渐远的背影，鼻头酸酸的。泻下的皎白月光将您的影子拉长，拉长……

车驶向城里,透过车窗,在橘黄色的灯下隐隐约约又见你。

花生收获季正是盛夏,您在田中劳作。您弯下腰,拔起一株株花生,动作是那么麻利和娴熟。不一会儿,左手的臂弯里就挤满了绿色。炽热的光晒着您古铜色的皮肤,时不时地,您会掀起外套的衣角或用手臂拭去额头上的汗珠……

偌大的庭院里,月光下的摇椅上,陶醉于夜空的繁星,更是沉迷于您讲述的过去的故事。可笑可气的是,您总吓唬我说山上有凶猛的老虎,它会吃掉不乖的小孩儿。傻乎乎的我信以为真。大蒲扇轻轻地摆着,木椅轻轻地摇着,风儿轻轻地吹着,很快我进入了甜美的梦乡……

哦,我亲爱的奶奶,愿在多年以后,当我推开那扇已有锈迹的铁门时,迎来的还是您不变的笑容。让我好好看看您,陪陪您。

# 陪你度过岁月如歌

琉 筱

## 1

前几天,你突然说要开始写日记了,因为年龄越来越大,开始记不清做过哪些事认识了多少朋友……于是,我也萌发了"写日记"的想法。在你"想到就去做"的熏陶下,我毅然决然地新建了日志,像流水账一样地记。3月1日是我开始写的第一天。

"我们最爱的小王子安东尼是治愈系写手,因为那些看似零碎的记忆拼起来是岁月的长度,于是有了——《陪安东尼度过漫长岁月》系列。陪安东尼度过漫长岁月,陪我度过漫长岁月。"

没想到日志发表完的下一分钟,你就点赞并评论"已阅"，那感觉就好像是在说："朕知道了。"如果你现在出现在我面前，信不信我一巴掌拍死你？算了算了，看在你是一枚天蝎，天生"女王作"的分上放过你了。

我们空间亲密度噌噌噌地提高到99了，保持98已经好几个月了，后来出了点状况，亲密度掉到93，但随即又复原。嗯，我们俩一直都是强大的存在。我空间"谁在意我"和"我在意谁"那里的第一都是你哎。

我们频繁地互动，就像你说的"你看现在我每次都有主动联系你，越陷越深"。我们也经常性地在说说下的评论刷屏。大前天晚上，在回家的路上我们又开始逗趣。我评论"现在00：00P.M."，你回复："01"，我回复："02"，你回复："03"，我回复："05，我已经快到了。"QQ空间玩耍完，我们又回到了QQ，不是一两次了，我想找你的时候你又恰巧发过来，默契得一个标点符号都能读懂对方。

你说："看来，现在我也只有你了。"我说："我也是。"

你说："明天你又要上课了。"接着是一大串感叹号。我叹气："感觉和你一起的两天duang地一下就过去了，在学校的五天却度日如年。"你说："我也这样觉得。"

你看，我们总能无误地接过对方的话题，再巴啦巴啦地聊下去。

"当世事再没完美，可远在岁月如歌中找你。"

## 2

啊，闺密，下个月或者下下个月，我们就认识满一年了哎。

两个月前，我还在跟你说要用闺密头像，但是我找到的都不太满意，最后你说："还是我去找吧。"我以为你早就忘了这回事，没想到某个晚上，我们在微信聊天，你突然发来头像让我选，连微信背景图你都帮我找了。你头像的"鹿角"朝向左，我头像的"鹿角"朝向右。在简介那里，我们又不约而同地改成"树深时见鹿"。

这周六早上，你又花了好长时间给我找QQ头像，帮我调色，教我如何缩放如何恰到好处地构图。为了更好地搭配新头像，你连空间背景图也帮我找好了。最后你说："这感觉就像在给你买衣服。"我调侃道："谢谢妈咪，妈咪您辛苦了。我今后一定会听你话，穿你买的母女装。"

哈哈，你看看，你的影子总是充满我的生活。

我身边的人，来了一拨又走了一拨，走不进我内心的离开了，走进来的最后也离开了。我们都一样长情，所以最后先放手的一定是别人。很久之后我才意识到，这些人虽然来了又走，但不变的是，你一直都在那里。忘记了从什么时候开始，你成为了我最好的朋友，再到后来，你是我唯一一个闺密。

偶然的机会,我看到了QQ你给我的备注,不是"琉筱",而是"honey",笨蛋你一定不知道我有多感动。而我对你的备注,也改成了"闺密",从以前到现在,你都是第一个,因为我从来没有给谁的备注是"闺密"。

## 3

我们没有吵过架,但却有过小摩擦,也就是前面说到的"状况"。

在你跟我吐槽你拉黑了一个不了解你却随便议论你的人之后,我开玩笑说:"以后啊,要是我们闹矛盾了,你一定要给我一次道歉的机会啊。"你笑笑说:"好。"

没想到,这个机会一个月后就用上了。那时我也不知道怎么了,你突然生气了,之后你发说说"请离我远点儿"。我心揪成一团,却回复:"好。"接着我们冷战。那几天我一直担心你会把我删掉,每次上QQ都忐忑不安,看到你的账号还安静地"躺"在我列表的第一个分组里,我才安心。第三天,我实在受不了了,发了QQ给你:"你说过会给我道歉的机会的。"

然后心惊胆战地生怕你忽略我的话。但随即你回复"来~"的一瞬间,我就知道我们已经和好了。

我一直好奇为什么有一阶段我空间从不见你的身影,

给你发消息你也不回应,当面找你又太尴尬,直到寒假我才知道,作死的是我自己……

那天在"被挡访客"里看见你的头像,我忽然一惊,赶紧去看"不让他访问"的名单,果然你在里面。于是那些困扰我好久的问题一下子变得容易,不是你不来我空间,而是你根本进不来。仔细想了好久,才记起10月份你的QQ被盗,那时你用另一个QQ加我,于是我顺手设置了"不让他看我动态",后来你QQ找回来了,我却忘记设置回来。四个多月,你从来没问我为什么,这让我更愧疚。

那天晚上,我一直道歉,纵使你的语气里并没有生气的痕迹,但我依然跟你说"对不起",好像那能减轻我的负罪感。甚至我还在你睡着后,在说说里让朋友帮我说"对不起",只希望你能明白我的歉意……没想到,你看见后还云里雾里地问我:"大家为什么要跟我道歉啊?"等我说清原因后,你还不明就里地说:"我又没生气。"

你看,每次你都是那么地迁就我。我说啊,闺密,如果有一天我变得任性了,那一定是被你给惯坏了!嗯,你不许反驳……

4

能成为闺密的,必定是在某些方面有共同点。我们无论性格还是经历,都很像。

不适应话太多的场合，人一多就沉默，性格上的冷冰冰更是让人避而远之。所以，我们真正意义上的朋友并没几个。2014年，整整一年我都尽量尝试着改变，尽管表现得很阳光很乐观，因而有好多人说："你是我的太阳。"可我深知我不是，但却为了不让人失望，继续要求自己别再高冷下去。最后，我还是渡不过心里那一关。

我跟你说："我始终学不会对每个人微笑，也始终做不到为了迎合别人改变我自己。一个人，那就一个人吧。"你回复："你还有我呢，亲爱的。"你知道吗，听到这句话后，我就在想，我一定不要再辜负这么好的一个人了。

所以，你发说说对我说："果然我不适应话太多的场合，我还是继续高冷下去吧。"我评论："没事，你怎么样都好。"闺密啊，在我这里，你真的只需要做你自己，因为不管你是怎样的，我都喜欢。

谢谢你不介意我们五岁的年龄差，谢谢你对我永远的包容，谢谢你在我累了的时候跟我说你还在，谢谢我们相遇。

白落梅有一本书，叫《因为懂得，所以慈悲》。但在我们这里，是因为懂得，所以才相惜。还好，我们的友情并没有在一开始就升温得很快，而是在互相了解直至相知后才选择停留在对方的世界——

是因为我们都知道，细水长流的感情，才能涓涓不息。

下一个冬天的故事，我们一起来书写。

# 被世界遗忘的你

漠　然

阿傻住在村口那间破烂的小茅屋里，每天阿傻都早早地起来，光着脚穿着破旧的衣服从村口走到村尾，再从村尾走到村口再绕到邻村去，直到中午才回来。每次回来手里都会拿着一些沾着尘土的食物。阿傻并不是本村的，也不叫阿傻。他好像是从很远的地方流浪到这儿的，后来就在村口那间破屋里住下了。

阿傻是个哑巴，看起来傻乎乎的，渐渐地村里人就都叫他阿傻。阿傻经常会被村里的小孩儿欺负，小孩子们一看到他便会哄叫："阿傻来了，快！"说着一大群的孩子朝他扔石块。阿傻从来没有反抗只是傻傻地抱着头往前走，默默地承受着别人给他的不公平。

秋天是一个放风筝的好季节。村里的小孩子都会带着自己做的风筝，到田野里放风筝，我也特爱去。那段时间阿傻总会早早在那儿等候，阿傻就安安静静地站在田埂上看我们在那欢快地放风筝。夕阳的余晖浅浅地洒在阿傻的身上，投映出他小小的影子，看起来那么孤独。孩子们的心思都在风筝上，没有多余的心思去欺负阿傻。也就是在这个时候阿傻可以少受点儿伤。我很喜欢放风筝，喜欢看风筝高高飞在天空。当许多风筝在天空中飞翔时，阿傻便会很高兴地拍手。孩子们丢给阿傻个白眼，阿傻没有理会他们，依旧高兴地拍着手。也许只有在那一刻他才真正快乐。

"啪"，线断了，风筝掉落下来了。我的心瞬间像泄了气的气球。阿傻默默地捡起掉落下的风筝，怯生生地递给我，生怕我会打他。那是我第一次认真地看他，小小的身躯，黑亮的眼睛。其实阿傻长得挺好看的，就是太脏了。如果父母没抛弃他，或许他也会像我们一样有着快乐幸福的童年吧！我接过风筝，阿傻愣愣地看着我。"阿傻，给你！"我从口袋里掏出一颗糖递给他，阿傻没有接，眼睛盯着我手上的风筝，眼睛里满是恳求的眼神。我犹豫了一会儿，最后把风筝和糖一起塞给了他。阿傻对我笑了，笑容很真诚。之后，阿傻每天都一个人在田野里放风筝，他的笑容似乎也渐渐多了。

好长一段时间，我都没见到阿傻了。有人告诉我阿傻走了。我很惊讶，阿傻走了？我有点儿不相信，可是事实证明阿傻确实走了。阿傻走了，再也没人呆呆地站在田埂上望着一只只高飞的风筝高兴地拍手了……不知为什么，我心里有种莫名的失落。一次偶然，我去了阿傻住过的小破屋。我看见阿傻在地上画的画，画的是两个大人牵着一个小孩，虽然画得很粗糙，不是很好看，但却给人不一样的感觉。也许这是他的心底最深的愿望吧！阿傻总是待在自己的小角落里，过着自己的生活。也许在别人的眼里这个小角落太微不足道，但却是阿傻的一切。

阿傻就像被风带走了一般，消失得无影无踪。风又吹了，阿傻也被遗忘在时光里了。

# 想写封信给你

芃陶陶

我想写封信给你,请别急着问我是谁,也不要急着丢,这也不是一封表白信,所以你不用怕。

我知道你,在学校的荣誉榜上,在每周一升国旗的仪式上,在校长、主任表彰优秀学生不标准的普通话里,在无数同龄人羡慕嫉妒的眼神以及课间女生叽叽喳喳的讨论里。

有女生偷偷在私底下称呼你为"入江直树"。

入江直树是日剧的男主角,有着优秀的成绩、优质的长相和优越的家世。基本上,都和优秀挂钩。你就是这样的人,优秀到令人眼红却无法说出怨毒的话。

我总是不明白为什么同样圆圆的脑壳却能发生那么不一样的头脑风暴。

我很努力,几乎所有的时候都埋在书里,挑灯到深夜，陪伴我的只有速溶咖啡和天边寂寞的月亮。可是，我总是追不上你。没别的意思，我只是指学习。我总是看着天上的月亮问：凭什么？

得天独厚又优秀耀眼的人总难免受到妒忌和羡慕，我知道你一定明白我的意思。

听说你能够被保送去那个所有学子都向往的殿堂，恭喜你哦。

真心实意的。如果你可以看见我写信时的样子，你就可以看到我微微翘起的嘴角。

不过，你不认识我。所以在你心里，我只是一个给你写信却面容模糊的女生。

我们见过的，你大概不记得了。

你无论到了哪里，都可以掀起一片议论声。女孩子们会低低尖叫，小声喊你："入江直树……"

校运会的时候，你仅仅只是站在那里，便成了风景，炫目到令人移不开目光。因为是志愿者的关系，我上前通知你带好班里的运动员到指定位置等待进场。你点点头说谢谢，然后就去忙了。

其实真的不止如此，后来你还帮我搬过矿泉水，我们经过绿意盎然的小花坛，你有一搭没一搭地和我说话。

你很幽默，短短的路程我就发现这个优点了。你讲冷笑话，抱怨天气。唯一可惜的，你却没有问我名字。

喂，当校园风云人物酷不酷？有时候会不会也觉得累啊!

　　女生们为了让你更符合"入江直树",凭空捏造出许多东西。

　　比如你上课从不听课,不写练习,不带课本,并且还睡觉、打游戏,但考试照样拿第一。放学的时候我总会路过你的班级,你总是学习到很晚,只是大家都不知道,或者觉得努力学习的"入江直树"一点都不酷。

　　比如你是网球王子,打网球很厉害。我从来没有见过你打网球,别人也没有。但是传说中的"入江直树"什么都会,网球就像他手中的玩物。

　　再比如你很面瘫,很高冷,从来不和成绩不好的人讲话。其实你很爱笑,笑起来也很温暖,说话幽默,可是却有一口不太标准的普通话,为了掩饰你的短板,你干脆寡言,不像其他男生一样开玩笑打哈哈。

　　被那么多人仰望和注视着,你会不会觉得烦?

　　大家都在看你。有的充满仰慕和敬佩,希望看到你一直光芒万丈下去;有的充满不屑和嫉妒,他们喜欢看到你狼狈。


　　因为大家都喜欢"入江直树"。
　　所以很多人都希望成为"相原琴子"。
　　相原琴子和入江直树很般配。
　　但是,你不是入江直树啊。

你不是高冷的面瘫，不是智商200的天才，不是随便任何运动都上手的白马王子。

你爱笑，有点儿小腼腆，笑点低，勤奋又努力。

所以，和你在一起的女孩子一定不是因为喜欢"入江直树"才喜欢你。

最后，我决定坦白，我骗了你，我想你也一定看出来了，这不是一封普通的信……

# 若生命中有你，我该多幸福

沈依米

一度特别嫉妒我妈妈，对，没错，就是嫉妒她。不是嫉妒她能穿高跟鞋，也不是嫉妒她每天都不用像我一样拘束在学校这个小框子里，更不是嫉妒她能唰唰唰摸出一把票子买她想买的东西。

我嫉妒她仅仅是因为，她有哥哥。

很小的时候看过一本书，书里面是各色各样的哥哥，温柔型的，霸气侧漏型的，苦口婆心型的，宠溺型的，那是第一次接触到"哥哥"这个概念，我觉得"哥哥"很温暖。

于是我回家之后，最喜欢问妈妈的话就是："你把我哥哥藏哪儿了？"

后来知道哥哥不会被藏起来，他只是没被生下来，我还一个人哭了好久好久。

有一次妈妈怀了小宝宝，问我生下来好不好。我只反问她："那小宝宝的名字能叫哥哥么？"她立时无语了。

同学里也有有哥哥的，她给我讲她哥哥的时候，满脸都洋溢着骄傲，我羡慕极了。

我很想有个哥哥，他只是我的哥哥，无论我做错了什么，他都会保护我，永远站在我身边，爱着我，他可能最爱对我说的话是："不怕，哥在呢。"然后，为我擦去眼泪。

我跟爸妈吵架，他会在我哭的时候跟爸妈说其实我是对的，也会在我哭的时候跟我一起吐槽爸妈的毛病，然后再教育我一番；我跟同学不和，他会找到那个同学帮我问问是怎么回事，然后告诉我其实一切都没事，只要有他在；我跟他闹别扭，他会晾我一会儿等我安静了，再给我买串糖葫芦跟我说，我们回家吧；我交了男朋友，他会暗中替我考察我的眼光，然后告诉我哪个人比较可靠哪个人玩心很重；我偷偷替他跟他喜欢的女孩儿告白时，他会给我个爆栗然后很害羞，让我不要乱起哄；我想玩游戏，他会带我魔兽英雄电竞一盘盘搓下来再告诉我，你看，你好奇的游戏，也就这么回事；我颓废不想学习时，他会把我痛骂一顿再带我去一个神秘的地方，让我告诉树洞我不想学习想干什么，然后轻轻拍我的肩膀告诉我一切都会变好的；我懒得走路，他会背我；我睡觉踢被还会掉到地上，他会悄悄地把我从地上捞起来盖上被然后守在我身边；我很想放声大哭的时候,他会理解我的压抑不会说我神经,很耐心地听我哭哭嚷嚷,再难听也不会把耳朵堵起来;我有了不能告诉别人的小秘密,他会暗中了解然后也替我悄悄藏起来不让别人看到;我和他的兄弟闹不和,他会一把捶倒他兄弟,很凶地对他说:"你干啥呢!这是我妹,我都舍不得欺负她,怎么能让你欺负她!"我看小说看得哭成泪人,他不会说小说都是骗人的,反而会告诉我,妹妹我为你骄傲,哭都哭得这么有水平;我闷在家里无聊了,他会偷偷翘掉晚课,手拉手带我坐上5路公交,跑到最远的站看一看盛开的木槿花,摘下一朵让我带回去给妈妈;我看了鬼片不敢睡觉,他会陪我玩一晚上的扑克或者娃娃换装,然后早上迷糊地去学习;我生病了躺在床上当小狗,他会跑前跑后给我买东买西,给我讲小时候我们的趣事儿,逗得我很快就好起来;我在他和未来嫂子的约会里充当一百瓦大灯泡的时候,他会跟未来嫂子说:"这是我妹妹,除了你和我妈妈之外,她就是我的命根子。"我又长胖了,他会监督我减肥,跟我说:"你要是再不减肥,以后我可不养你,卖萌也不养。"我失恋了,他会替我揍那个王八蛋一顿,然后跟我说:"他就不是个男人,你还想他干吗!"我可能因为他的某些缺点不敢把他介绍给我的朋友的时候,他会大大方方跟他的兄弟说:"这就是我那个笨妹妹,笨得跟个猪一样。"我把肥肉都挑出来不吃的时候,他会夹过去说:"你难道不知道你不爱吃的都是我爱吃的?"然后消灭所有我消灭不了的剩饭;他还会……

我已经不能再继续往下想,我相信,如果我有哥哥,他一定有这么多的好。

我是他的笨妹妹,我可能会嫌弃他,但是他永远都不会生我的气。他对着我的是柔软的掌心,对着别人的都是拳头。

他是第二个最爱我的男人,不比第一的深沉,却比第三的长远。

有一天他会牵着我的手,把我的手交到一个他放心的人手里,然后默默转身,悄悄擦擦润湿的眼睛,微笑离开。

看着他的背影我会哭。

他的背不如爸爸的宽阔,却是我的摇篮;他的背影不比爸爸的苍老,但不代表不伤感。

如果我真的有哥哥,那么,下辈子,我要做他的妹妹。

## 乘风而至的那些味道

# 玫瑰色小巷

亦青舒

十五岁的时候,爸爸带着我们搬过一次家。我们搬到城西区的一条偏僻的小巷子里。巷子离街区很远,自然也格外安静,安静到我坐在二楼的房间里写日记的时候,能听清楼下巷子里来来往往的脚步声,并且迅速地判断出来人是谁。

脚步踢踢踏踏甩着拖鞋走的,是晓瑜的爸爸,邋遢而亲切,嗓门大到我堵耳朵——"晓瑜哟,快开门,今天买的全是你爱吃的菜!"我在家里饿着肚子等妈妈下班,听见这话总是忍不住又嫉妒又不屑地撇撇嘴。

踩着高跟鞋走得袅娜生风的是子扬的妈妈,不用探出头我就知道她又提着最新款的包包,顶着精致的妆容,头发梳得一丝不苟,步子迈得轻盈高贵,朝着家里走去。我一边写日记,一边支棱着耳朵等着听她收拾在家里玩游戏机的子扬。

我最爱听曦姐姐的脚步声，通常伴随着一声远远的单车刹车声，那是一个长得干净挺拔的男生送她回家的尾音。然后就能听见曦姐姐的浅跟凉鞋在夏天撞在青石板上发出悦耳的清脆声响。我就赶紧放下手里的笔，趴阳台上往下偷偷看曦姐姐和男孩儿道别的场景。小巷的蔷薇花开得正好，曦姐姐的长发乌黑垂顺，发尾系着一枚紫色蝴蝶结，在夕阳里闪着淡淡的光晕。看着他们两个人相视一笑，然后各自转头，我顿时觉得心里的某个地方，变得温柔了起来。

可这条巷子里，我最不喜欢的脚步声，是隔壁郁婶的。我最讨厌的人，也是郁婶。

郁婶的脚步声总是分外烦人，拖沓沉重，伴着她尖酸刻薄的嗓音，远远听着就令人生厌。郁婶在附近的一家超市里上班，每日的寻常话语就是絮絮叨叨地说着今天超市里的肉又涨价了，青菜不够新鲜，难得买一次水果也总是分量不够。接下来就是无穷无尽地抱怨，说丈夫无能，孩子不孝，全家就她一个人操碎了心。

我准备着中考，写着没完没了的题集，巷子里隔音效果并不好，常常东家听得到西家话。心里烦躁到蘑菇云一朵朵炸裂，索性堵住耳朵，冲妈妈喊："你看她！"

妈妈脸上有复杂的神情："忍一忍吧，郁婶她也不容易。"

我不知道郁婶有什么不容易的,天底下不只她一个家庭妇女洗米煮菜,相夫教子。郁婶有一个还在念初中的儿子,可能是因为有郁婶这样的妈妈的缘故,他寡言又沉默。成日里抱怨的郁婶,老得格外快,黄着一张脸,皱着川字眉,穿着俗气又随意,言语谈吐直白伤人,常常令很多人都非常尴尬。

比如她说我:"女孩子学习好都是靠闷头学的啦,到底没有男孩子后劲足哇。"

比如她嘲讽晓瑜爸爸:"一个大男人喏,天天洗衣煮饭做的都是女人的事情哟,啧啧啧。"

这些如果都能不算什么的话,那还有我最不能忍的——郁婶在背地里中伤曦姐姐,说是女生一大心思就活泛,成日男孩子接接送送的不像话。风言风语很快传到曦姐姐家里去了,某个晚上我听见曦姐姐在对面房间里和她妈妈争执的声音:"我们就只是朋友!"

曦姐姐的哭声在我听起来像针扎一样难受,后半夜的小巷安安静静的,蔷薇在夜色里沉默地开着。后来我再也听不到曦姐姐回家时候轻快得像鼓点一般的少女脚步声了。

都怪郁婶。

临近中考的那段日子,因为不愿意在家里听见隔壁郁婶的各种絮叨和抱怨，我不顾妈妈的反对坚持要留在学校里多上一节晚自习。赖在学校里写着题册，再抬头时夜幕之上已经全是星光。我偏爱夏日清凉的夜色，回家的路上也总是磨磨蹭蹭。

只是没想到会在巷子口看见学校里的混混们。

这些不学好的小子，居然逃了晚自习出来喝酒，一群人醉醺醺地从网吧里走出来，正好和我狭路相逢在这条又窄又僻静的巷子里。

我强作镇定，埋头加快了步子。却没想到被其中一个染着黄毛的小子拦了下来。

"这不是一班的女班长吗哈哈哈，"那小子居然认得我，"这么晚了也还在外面晃悠呢。"

我感受到了周围一群不怀好意的目光，心里也开始慌了。我开始后悔不听妈妈的话，又想起平日里自己对这群混混就没有好感，上次校园里他们挑起的群架事件，是我跑去报告校方的。

所谓君子报仇，十年不晚，何况是这群小人呢。

"臭小子干吗呢？！"一声尖利咆哮远远响起，震得身边的小混混们捂住了耳朵。

我却从没觉得郁婶的嗓音有这么好听过。

——只见她顺手抄起一户人家放在门前的扫把，劈头盖脸就朝着领头的那个男生作势一舞。小混混们瞬间作鸟兽散。

"原来也是纸老虎,"郁婶扔下扫把,回头看了我一眼,"可也还是把你吓着了吧?"

我感激地朝她一笑,小声地喊了一句"郁婶",眼泪就掉下来了。

后来我从妈妈口里才得知郁婶经历过什么。

原来她也有过一个女儿,十八岁那年因为年轻不懂事而卷进了一场事故。两个混混因为她而大动干戈,结果其中一个男生在推搡之间失足跌入护城河中,郁婶的女儿因参与其中也被判刑入狱。事后那个男生家人多次到郁婶家中闹事。郁婶赔钱搬家,足足两年才平息此事。

我忽然明白郁婶为什么对钱斤斤计较,为什么对曦姐姐的事情如此在意,为什么帮我吓退混混的时候如此勇敢。原来她把后来遇到的每个女孩儿,都当作自己的女儿看待。

就像每一滴酒后来尝起来是什么味道,都是源于酿成它的那颗葡萄曾经经历过怎样的风霜,每个人之所以成为后来的模样,也是由于他以前经历过的种种波折。

有多少时候我们仅凭着眼睛和直觉去感受到的粗粝的外表,其内里实际深含着细腻的心思。

后来的某个黄昏,我出门散步,恰好看到郁婶踢踏着一双旧拖鞋在给巷子里的野蔷薇浇水。她的神情格外专注,动作也分外轻柔,她温柔地注视着那些花朵,好像在心里默默地想着什么。

晚风轻轻拂过,墙角的蔷薇密集丛生,满枝灿烂,沾水的花瓣泛着温柔的红晕,黄昏蹲伏在这个中年女人的身后,把整条巷子染成了玫瑰色。郁婶在这一刻,很美很美。我想起蔷薇的花语,是"爱的思念"。

那应该也是一个温柔母亲,最深最深的思念了吧。

深长如巷。

## 而我只有你

宠物酱

### 1

读初中那会儿不像其他人那样怕大狗,也不怕那种会吠的狗。因为我下手特别狠,一旦那些狗靠近我,我就会拿起竹竿追着狗打。那时的我就像个熊孩子,爷爷奶奶也阻止不了我追着狗跑,直到有一次真的被狗咬了,打了一个月的狂犬疫苗。

奶奶送我一只松狮犬。那时,刚养的一只小鸟死了,我非常排斥新的宠物,单纯地认为有了这个新的宠物就会忘记小鸟,可是感情就是这样一点一滴地发生在我与它朝夕相处的每一天中。

中考的那段时间特别孤单,每天的生活就是吃饭睡觉读书，因为不住宿，晚自习回到家也是一个人煮饭。有了洋洋后，生活开始有点儿盼头了，我会想给它做一些好吃的东西，去超市给它买罐头。松狮犬性格木讷，在我眼中非常傻。有一次突发奇想想给它剪毛，它乖乖地坐在我床上，我用了全身的力气把它抱下床，拿着剪刀到它面前，它也不害怕。等剪刀下去剪了几刀，它才反应过来，要挣扎。后来它终于不挣扎，呜呜地叫几声，表示委屈。也就是在那时我意识到它依赖我，相信我，喜欢我。

那时屋子里的灯还是微暖的黄灯，一人一狗，也是很惬意。洋洋经常在我准备第二天的考试时，依偎在我的脚上。它的毛非常的软，我的脚上还能感觉到它的温度。我知道自己在养着一个可爱的小生命，我非常珍惜它。

## 2

隔壁宿舍的一个人偷偷养了一只流浪犬，还没等宿管阿姨发现，那个人就已经放弃养它了。有时候我还会看见那条流浪犬闯进别人的宿舍。那时的学生只是单纯地怕狗，没想过把狗赶走。最后宿管阿姨拿来一根粗粗的铁棍，我记得很清楚，那狗哀叫了两三声，以后见到它，便都是瘸着腿走的。后来那条流浪犬被保安给收留了。保安大叔笑呵呵地说："刚好我也是瘸子。"

若是所有的故事结尾都是这样happy的话，那该有多好。

　　我本来就不是那种特别怕狗的人，但是不代表别人不害怕。那条流浪犬还是没能好好活下来，听说是在吃过宿管阿姨给的饭后走的。我们宿舍和宿管阿姨起了很多次冲突，大多是因为宿管阿姨私自没收我们的东西，最后一次非常大的冲突是因为那条流浪犬。舍长当场火气就上来，指着宿管阿姨说："你根本就不懂得如何疼爱一条生命，你对待我们和对待它有什么区别吗？"

　　之后的事情很混乱，闹到了年段长那边。宿管阿姨跟我们道了歉，可是以后见到宿管阿姨心里便有了阴影。那时候开始懂得"同仇敌忾"这个词的含义，宿管阿姨似乎怕我们便不再管我们了。很多年以后才知道，那条狗只是安详地老去，并不是因为宿管阿姨的原因。想到那时那么对待宿管阿姨，我们心里便过意不去。

　　不是所有的人都铁石心肠，她心里也曾有过柔软的地方，她害怕流浪犬咬伤学生，也曾跟保安说让它去打疫苗，她也为那条流浪犬喂过饭，还在每天宿舍熄灯时对我们说早点儿睡，可那时候我们还只是不懂事的孩子。

　　上高中的时候，因为住宿，我就把洋洋托付给奶奶照顾。原以为高中三年封闭式的教育，我很快就会忘记洋洋的存在。可是我想说不是的，我非常想念它。

　　想起了侑子的一句话——"这个世界上没有偶然，有的只是必然"。茫茫人海中，它认准了你，真心相待，不离不弃。

我很喜欢一本书插图上的一句话：人们永远也没有意识到宠物在这个世界上的功能——让每个人的心志健全。

## 3

我还开始喜欢上民谣，是因为我翘了一节座谈会，见到了王继阳。那时他扎着一个小辫子，说着他和小猫的故事。以后便觉得他唱的每一首歌都包含着一个故事。他的人生很精彩，有白富美的故事有穷困潦倒的故事，也有希望工程的故事。很多女生喜欢他说话风趣幽默，我却在听他的歌的时候，想着他是多么喜欢那只小猫，他有点发福，却也是个柔软的人。小猫陪伴着他成长，他也只想要那只小猫陪伴他度过那些孤独的日子。他写了一首和他小猫有关的民谣，那时听着他唱，开始觉得像他这样一个人历经了沧桑，有一只小猫陪着，最后那只小猫安静地躺在他怀里离开，他写的歌便都有了感情。

厦门开了一家大冰的小屋，我还没有时间去看看走走，去看看还没走出失恋的小陈，感冒没有好的老谢，还有那个风趣幽默的王继阳，想再听他讲一次他和小猫的故事。我很喜欢宠物并不是因为把它们当作宠物，而是我把它们当作朋友，不会说话的朋友。

我越来越害怕分离，怕毕业，怕绝交，怕死别，害怕自己不能好好的。于是你就这样出现在我的世界里，因为你，我不再害怕黑暗。但我也同时学会了对你负责，我要关心你今天吃了什么，有没有出去散步，或者有没有调皮的小孩欺负你。因为你，我开始懂得了爱，但与此同时，我也害怕失去你，失去爱你的机会，所以我每天都很珍惜现在的生活。我知道有一天你的眼睛会无法那么清晰地看这个世界，我知道你的鼻子也会不灵敏。或许我还会在未来收养和你一样的宠物，但我知道它终究不会再是你。路漫长，有你便是欢喜。

**后记**：我们学校是流浪犬的天堂。我舍友收养了一条，原来它是带它去看兽医，打疫苗，后来它跑了。我们找了一个晚上，原来它被一个姑娘抱去食堂喂饭，最后它又跑了。我只希望它不要跑出学校，它被我们师院的妹子养得很温顺，而外面的世界并不会那么柔软。

## 你看路人，行色匆匆

方　悬

八月初，我们一群人涌上了火车去各地实习。几经辗转，最后我到了一个小镇上的一所学校。

到那里的当天，就被告知要立即参加工作。吃过晚饭，我就跟着所有老师一起坐上校车去各个地方招生。

我们招生，是自带桌椅和牌子在人流量比较大的地方停驻。那一阵子细雨连绵，很少有人来问，坐着无聊，于是观察路人成了我最喜欢做的事。

1

我是在同一个地方招了两天才注意到他的。

他看起来很老了，很瘦，皮肤黝黑，骑着摩托在公交站牌附近载客。

附近的人们很没有耐心，面带不悦，不时按亮手机看看时间。可他却是有耐心的，心里再焦急，他也只是略微皱着眉头，不时长叹一声，只要有人路过他，他就会问一句去哪里。

偶尔会有几个人走到他旁边，说自己要到哪里，问要多少钱，然后两个人便开始讨价还价。

一般都是他妥协，低下头来，发动摩托，载着好不容易拉到的客人绝尘而去，留下一串轰鸣。

他没有什么特别，只是这样一个群体中可能年纪偏大的一个代表。看到他时，我在想，年纪这么大还要这么辛苦啊。后来又想到，也许他只是不想闲在家里吧。不管怎么样，他还在奋斗着，在街上来往的行人里和车辆里，发出自己的努力的光。

## 2

有一次，我们摆在了一个卖观赏鱼的大叔的旁边。大叔一直致力于把鱼按大小品种分门别类放好，他在那里捞了很久的鱼，我身上也被溅了许多水，出门为了防蚊虫叮咬喷的花露水也慢慢被淡淡的鱼腥所掩盖。

终于受不了了，我转过身去，脚边却忽然飘过来一个袋子。我拾起交给旁边刚停下三轮车的大哥，大哥道过谢然后笑笑，又随手塞给我两枚脆枣，他说，那是他从另一边过来时卖脆枣的商贩给他的。

大哥卖的是玉米，这些小小嫩嫩的玉米突然就勾起了我矫情的乡愁。我在出来之前，自家院里种的玉米也快熟了，但我终究没能吃到。见我盯着他的玉米看，大哥又乐呵呵地跟我讲话，问我是哪个学校的，招到几个学生啦，今年多大啦。

我说了，他又说真好啊，他以前不好好学习，现在只能做这样的活计，一整天下来也卖不出多少去。

我说："不会啊，行行出状元嘛。"

想了想，本着职业精神，我又问他："孩子在哪里上学啊？"

他说："在湖北老家。"

末了又有点不好意思地问我："学校招不招保安？"

我只能说不知道，可又觉得不忍，于是添了一句："我回去帮你问问看。"

天晓得我会不会问，即使问了下次来招生我还会不会遇见他，可那一瞬间，我还是不忍心戳破他那个远得要命的希望。

他一直在乐呵呵地讲话，看起来和和气气，似乎生活对他还不错的样子。后来校车来接我们了，我跟他道过别，只讲得出一句俗气的恭喜发财。

## 3

那个女人来问的时候,我也是无力,因为我听不大懂她讲的话,只能叫她先坐着等一下,等另一个资深老教师来。

老教师回来了,两人攀谈起来,女人说了自己孩子的问题,没有学籍没有社保,不能在这边上高中。

说着说着她的语气开始颤抖起来,突然抱怨起命运的不公。

她说自己和丈夫两地分开工作,又说知道丈夫外面有了第三者,像是一定要证明给我们看,还翻出手机给我们看第三者的相片。

老教师说:"没你漂亮。"

我在心里点点头,也觉得她更好看些。

她又说不敢离婚,怕小孩儿受影响。

"我小孩学习非常好的,他画画也很好的。"说罢,又打开微信给我们找她小孩画的画,临摹的毕加索的作品,有模有样。突然有人给她发短信,备注是"混蛋"。

她跟我们说了很久的话,大吐苦水,我们不知道如何劝解,只能作无关痛痒的安慰。就这样直到校车来接我们,她才离开,连说打扰打扰。

我说:"好可怜啊。"

老教师说："是啊，她心里一定很苦，不然也不会跟两个陌生人讲这么多。"

我点点头，再说不出什么了。

## 4

你看路人行色匆匆，谁不是一直奔波在路上。你眼里的他们各有各的表情，而每一个表情后面又都是不一样的故事。

生活总是充满了无能为力，像是一个巨大的漩涡，让人深陷其中不能脱身。漩涡里的我们一直在挣扎，在反抗，我想，大概总会有脱离苦海的时候吧。

我常常矫情地觉得自己辛苦，可是事实上，比起大多数人来说，我还算不错呢。

各人有各人的不易，出来了，我需要跟自己讲道理：不能放弃。

# 世界仍然爱着你

方 悬

## 1

不久前的一个晚上,我和徒弟又凑到一起在外面闲逛。东北的天气好坏不定,到了晚上刮起风来,还是有些冷的。

和徒弟走了许久,我们都有点儿口渴,于是就拐进了街边的奶茶店。我点了红茶,可徒弟却一直盯着墙壁上的图片在看,看了半天也没决定好喝什么,最后还是点了和我一样的红茶。

帅老板问我们要凉的还是热的,徒弟说她要凉的,因为在外面散步的缘故,她觉得有点热。

帅老板一边调制一边用不大不小的声音说了句:"喝

凉的对身体不好。"

然后，我们拿到属于各自的红茶，走出门去，徒弟问我："我这杯是热的信不信？"

我摇摇头说不信，又摸了摸她的那一杯，真是热的，又想起帅老板那时说的话，我们俩都笑了。

我说："这算不算是自作主张？"

可徒弟这个花痴妹说："可是我觉得有种霸道总裁范儿呀。"

我："呵呵。"

虽然我嘲笑了徒弟，但确实打心眼儿里觉得帅老板的这个举动挺温暖的。

## 2

回到学校的那几天，整个人的身体状况不是很好，有天早上起来就觉得胃有些不舒服，只是并不是很难受，还是去上课了。但是在去上课的途中看到了公告栏那里贴出的成绩单，找到我的成绩，这种不舒服的感觉便渐渐明显起来了。直到放学，也并没有好转的迹象。

到了食堂，和室友点了苕粉。等的过程中我一直在揉肚子，轮到我调味的时候刚想说我要酸甜口的，老板娘就先开口了，她说："给你调清汤的吧，看你好像胃疼。"

讲真的，这种突然被陌生人关怀的感觉真的让我很感动,于是我就带着这份感动继续揉肚子。过了一会儿室友已经端着食物回到座位上了,我的还没好呢。这时候一直在旁边默默煮面的老板说:"你胃疼,面要多煮一会儿才会更软。"

当时我就下定了决心,以后一定要常来吃苕粉。

### 3

我很怕麻烦别人,很多事宁愿自己拐着弯去做,也不想去拜托别人帮忙。

有时候没课,我也懒得去外面吃饭,就打电话叫外卖来吃。

刚从食堂回来的室友看见了,就跟我讲:"你为什么不给我打电话呢?我直接就帮你带回来了。"

我说:"没事的,这不也很方便么。"

室友叹了口气,说:"你就不能学会让别人帮你么?"

我听了,瞬间不知道说些什么好,只是想起,这样的话并不是第一次听了,另一个室友似乎也这样说过。

那好像是很久以前的事了。因为体质不好,所以我会经常感冒,冬天感冒,夏天感冒,换季的时期更是容易感冒。我也忘了那是什么季节,只记得我感冒后发了烧,半死不活地躺在床上。室友从图书馆回来后发现了我,硬是拖着我起来带我去了附近的医院打针。

室友问我:"你烧成这样怎么不给我打电话啊?"

我带着浓重的鼻音说:"哦,我怕麻烦你啊。"

室友立即一副恨铁不成钢的样子说:"你要学会被我照顾,我们应该互相照顾的。"

我说:"嗯,你说得有道理。"

室友翻了个白眼,不理我了。

其实,我经常觉得好事降临不到自己身上,也不相信这世界其实很温暖很和善,也一直以为老天爷铆着劲儿地跟我作对。可事实是,老天爷根本没工夫搭理我,而这世界也确实很温暖很和善。

有的人封闭自己,有的人欺骗他人,偶尔我们遇见了这其中的一些人,便以为生活不美好,或者自己很倒霉。但是我们很少去想,其实还有很多人我们还没遇见过。我们可能会继续遇见不那么美好的人,但我们也可能遇见更多友好的人,比如暖男帅老板,和善小夫妻,或者是自己身边的同学朋友,他们会告诉你:世界仍然爱着你。

# 车　　票

黄晓晴

### 我来到你的城市，走你走过的路

我收藏的第一张车票，终点站是深圳北，那里有我心心念念的阿猫。

怎么描述阿猫呢？蘑菇头，黑镜框，唯奶茶和单反不可辜负。每次跟阿猫吃完大餐后，都会来一杯奶茶。久而久之，我也成了奶茶控，常常和阿猫在一些奶茶店出双入对羡煞世人。而阿猫学摄影的初衷只是想把自己拍得美美的，做梦都想把自己拍得既淑女又文艺还小清新，因为现实中的阿猫一点也不淑女，更无关文艺，口味也重得很。像她说的，最初学摄影就为了"照骗"。当然最惨的是我，那时候常被她拉去当"模特"，不仅学会了四十五度角仰望天空，还能在"不食人间烟火"的清纯与吉他弹唱的文艺中自由切换。重点是，那时阿猫的拍照技术有限，比如把清纯女孩拍成傻里傻气的村姑。换句话说，阿猫是这个世界上拥有我最多丑照的人……

我和阿猫认识十年，距离上一次见面已过了两年。两年前的夏天，阿猫拖着我玩转深圳。在东门逛街时，阿猫一边说我穿着朴素保守，一边怂恿我买颜色鲜艳的裙子和短裤。当我逛了一圈，终于对某条连衣裙有点儿心动时，阿猫比我还激动，立马抢过裙子买了单。而后阿猫说要带我去吃超好吃的潮汕肠粉，但找了半天都没找到那家传说中好吃到爆的店，于是就近点了两碗柳州螺蛳粉。我不敢吃辣，可是阿猫说不辣的螺蛳粉不正宗。在她的怂恿下，我战战兢兢地吃了一口又一口，一开始舌尖发烫，紧接着喉咙发热，最后脸红得像苹果。阿猫拍桌狂笑，拿起单反"咔嚓"一声，说："你看你红光满面唇色红润楚楚动人……"我以为吃辣后的我真有她说的那么美，结果一看照片——我的人生又多了一张丑照！就在我们吃饱喝足慢悠悠走出门口时，阿猫突然尖叫一声，暴力地抓着我的手臂使劲摇晃："天啊！那家肠粉店就在对面啊！"而善良的阿猫为了不让我错过任何美味，竟打包了两份肠粉。那一晚，我因为吃撑了，彻夜无眠……

离开深圳那天，阿猫抱着我说你要好好照顾自己，做个会打扮的美女子哦。说完塞给我一袋软绵绵的东西，挥手送我上车。在车上,看着那一袋新衣服,我的鼻子酸酸的。阿猫几乎把我试过的她觉得好看的衣服都买了下来……

现在回忆起来,我的鼻子还是有点儿酸。那个会想念我的阿猫,每过一段时间,都会问我什么时候再去深圳找她玩。

阿猫,有机会的话,我一定会去你的城市,走你走过的路,陪你吃那些你总是说超好吃的美食,就算很辣很辣也没有关系……

### 原来你是我最想留住的幸运

这是一张有点儿泛黄的车票。之前曾把它当书签用,后来就一直夹在书缝里,等到想收藏时,发现它已经带上复古的气息。

这张车票让我想起和小鹿认识的这些年。我和小鹿认识的时间不长也不短,刚好七年。这七年中,她给我写过几十封信,七张明信片。那时我们就隔着一个班,每天都会见面聊天,但她依然会给我写信,分享她的少女心事。信里的她有时候开心得像森林里奔跑的小鹿,有时候又像受伤的刺猬。每次她在信里说,她又在自习课上看小说了,或者今天一个人去跑步了,又或者今天没去吃晚饭的时候,我就知道她心情不好了。记得有次她胃疼,吃不下饭，趴在走廊上泪流满面。我不知所措，除了心疼、给她找药以外什么也做不到，安慰的话也不知道怎么说。那一刻感觉自己好笨，那些治愈系的温暖的话，我却怎么也说不出口……

这微微泛黄的车票，也让我想起去年到珠海找她蹭吃蹭喝的美好时光。其实我是去散心的，因为那段时间我退出了文学社，校报的专版采写稿都被毙掉了，刚好作文比赛的结果也出来了，没拿奖，意外之余备感失落。再加上那段时间没什么灵感，写作时总觉得"难产"，也就有了放弃写作的念头。真的，我把那些放在抽屉里的杂志都扔到角落了，每天只对着英语试卷疯狂刷题。

小鹿带我去淇澳岛，还帮我卷起裤腿，牵着我踏浪。浪花扑向我们，转瞬间又化为泡沫退回大海。"你说过的，坏事情、坏心情就像泡沫一样，最终会被海浪带走的。"说完她冲着我笑，"我知道你有心事。"我呵呵直笑，云淡风轻地说："我突然觉得写作失去了意义。"然而说这句话时我的心"咯噔"一下生疼。她的大拇指紧紧地压着我的手掌："傻瓜，你的梦想那么廉价吗？怎么随随便便就把梦想一脚踢开？你不是要写很多很多故事，还要我当你小说的女主角吗……"说着说着她竟然眼眶湿润了，好像我的梦想也是她的梦想一样。

因为第二天有课，我当晚就回广州了。那晚她给了我一封信，信末还特意引用作家七堇年的一段话——"如果说写作还有什么意义的话,那就是,作品就像一盏灯,照亮了那一束,你原本看不见的灰尘。它们都是活生生的人,都是在活生生的生活中飞舞,包括你我。如果不是因为一篇文,一本书,你可能不会知道有怎么样的一群人,生活在怎么样的一个世界中。"

我很容易被感动,看着手里这泛黄的车票,我的鼻子又酸了。原来,那个会迫不及待催我写稿的小鹿,会寄杂志给我看的小鹿,会第一时间看我的文章,还会写一封长长的信说她的读后感的女孩,在我心中占据了那么无可替代的位置。前阵子她决定出国时,我很想留住她,但我知道她选择的东西不可能改变。一直到现在,她都是我最想留住的幸运……

### 等到风景都看透,你会不会陪我看细水长流

唯一一张没有折痕的车票,时间是2015年12月,终点站是佛山顺德。

那天左夕给我发了一段语音——"天气冷了,你有没有厚一点的外套?要我双十二帮你秒杀吗?"这段只有七秒的语音,我反复听了十几次,感觉左夕的声音好好听,可能是太久没听到他的声音吧。于是我订了去佛山的车票。

一下车,我就看到酷酷地斜倚在墙角的左夕——红色

围巾，针织外套，藏青色牛仔裤，棕色短靴，好像韩剧里的长腿欧巴。我眼冒红心地对着他笑："你好……好久不见……"其实我想说的是"你好帅"。怎么以前没觉得他帅呢？转念一想，像左夕这种帅哥都被校服埋没了吧。

左夕带我去吃了双皮奶、海鲜火锅还有各种记不住名字的小吃。跟左夕待久了，你也会变成名副其实的吃货。像吃海鲜火锅的时候，他吃白灼河虾，油炸生蚝，佐以木耳提鲜，生姜去腥，最后淋上酱油，香气腾腾。以前我吃过他亲手做的米线，用鹅肉熬汤，牛肉丸提鲜味，还有花生芝麻点缀，沙茶酱调味，吃起来飘飘欲仙……正当我回忆以前的美味时，服务员端来十几碟小吃。对面的左夕依然吃得津津有味，直到杯盘狼藉，才抚摸自己的六块腹肌。我对那六块腹肌的未来表示担忧，谁知他呵呵直笑："不吃饱怎么有力气练腹肌？像你们女生，不吃饱怎么有力气减肥呢？"

去电影院买票时，左夕扫了一眼上映的电影，问我想看什么。我说随便。"那就看《我的少女时代》吧，听说男主是帅哥，像你这种有少女心的花痴最喜欢了……"看完电影后，我果然被徐太宇俘获了，感觉女生的少女心真是大同小异，好像林真心就是另一个我。只不过她等到了身骑白马的王子，而我还在幻想中。

左夕一眼就看穿了我，笑了笑："傻瓜，时间会带你去最正确的人身边的。在那之前，先好好爱着自己，然后那个还不知道在哪里的人,会来接你。"

我笑了,左夕还是跟以前一样温暖呢。

在车站告别时,晚风呼啸而过。他问我冷不冷,我摇头说不冷,他却把围巾解下来,轻轻地帮我戴上:"女生说没事,那就是有事;女生说没关系,那就是有关系;女生说不冷,那就是冷啰……"

如今看着手里崭新的车票,我再次遇见记忆里那个温暖美好的左夕。那个会讲笑话逗我笑,会带我扫荡美食街,像哥哥一样罩着我的暖男。有时候我会少女心萌发,脑补左夕陪我看细水长流的画面,然后就没有然后了……

抽屉里还有很多车票,崭新的,泛黄的,发皱的,缺了一角的……我把所有的车票都收藏起来,收藏起来往的时光。每张车票都有终点站,终点站都有一个等待我的身影。每张车票都有故事,故事里始终有爱,在我想念他们的时候,散发出可以取暖的光亮……

# 乘风而至的那些味道

简墨绿

有些味道，是一个人终身的伴侣。

它代表了一段回忆，一个重要的人，或者一份隐蔽的心事。它只在特定的时间出现，陪你走过一段时光，然后再也寻不见。

像乘着轻风而至的精灵，然后笑着闹着在你的舌尖起舞。纷纷扰扰，带你回到一段时光，那段温柔远去的旧时光。

## 空旷的街上热气腾腾的印记

那天我穿了一件姜黄色的毛衣，内搭一件褪色的格子衬衫。我们坐在你家的沙发上，我的左手边是你，你坐在离我心脏最近的位置。不知道在看哪个时候的旧电影。深秋的风格外清冷寂寥，吹得窗边树上的叶子哗啦啦地往下掉。你看着，不说话，白净的脸庞染上了几分忧伤。

电影里的配乐很不合时宜地响起，你仿佛被惊扰，一下子从自己的世界里清醒过来。"咕……"我好奇地望着你，你也不好意思地红了脸。然后我们一同提议去买杯面。

杯面是像我们这样年纪的孩子都爱吃的食物。一个塑料杯子，装着滚烫的面，加上几个鱼丸或者别的什么，刚好紧紧地攥在手里。我们一起补课的时候，常在下课时急急忙忙赶到街口，让胖胖的叔叔给自己下一杯面。然后一人一杯，一边走一边往嘴里送着。天很快黑了，我们走在路上，杯中的面也许不多，但温暖两颗心足矣。各自吞咽完了面，我们又挽着胳膊，说着那些悄悄话回家。

我穿好外套，提醒你带好钥匙，然后一起出了门。外面果然很冷，我竖起衣领，习惯性地把手放到你兜里。我们在马路的一边等待红灯，你家小区楼下是一个十字路口，每天都有很多车呼啸而过。风吹过你的左肩，然后你的发梢轻轻划过我的眼角，感觉痒痒的。终于等到一个红灯，你拉着我穿过马路，走过一条铺满光滑石头的街道，到了那个熟悉的街口。我们向卖面的叔叔要了两杯面。冷风从小巷里排着队窜出来，从我们身边一溜烟地穿过。尽管冻得脸颊通红，我们的眼睛仍然紧盯着锅里的面。你笑着说要加两个鱼丸，然后替我加了一卷豆皮。锅里冒出的热气好像熏染了一切，温暖的感觉一点点从心里滋生出来。面很快煮好，盛到杯里。我们端着杯子，边小步走边看着杯里的汤，生怕一不留神洒了出来。一边走着，一边小心地往嘴里送。刚刚出锅的面很烫，用筷子轻轻挑起一点儿，让风里里外外吹一遍。再吃，便不那么烫了。

我们走在大街上，隔着不远不近的距离，注意着各自杯里的面。时不时地看对方一眼，然后不约而同笑起来。偶有行人路过，好奇地看大笑着的我们一眼，然后继续行色匆匆。就这么走了一段时间，你杯里的鱼丸和我杯里的面都凉得差不多了，然后专心致志地狼吞虎咽一番，一杯面已经见底。微凉的手心也已经有了温度，再各自送对方一个带有暖意的笑，这是最好的时光和最好的你。

## 清晨榕树下叽叽喳喳的记忆

我上小学的时候，每天校门是在固定的时间打开的。在校门打开前的十几分钟里，有很多学生在校门外的道路上等待。因为那条道路的一旁栽着树，一旁是商店，又是条人行道，所以还是很安全的。那时大家都喜欢早早地来学校门口，在拥挤的人群里像条小鱼一样蹿来蹿去寻找小伙伴。然后聚在一起聊上一会儿，再等校门开后一起进去。好像每天的记忆都是从那个镜头开始的：几个个子小小的小孩子，背着卡通书包聚在校门口的榕树下，头碰头聊天，时不时地从人群中会传出笑声。

　　在那条不算宽敞的小街道上，有时会有小贩摆摊，卖些小孩子喜欢的小鱼或者小仓鼠，也有的是卖吃的。学校门口曾经有过卖小笼包的商贩，我只记得那一家，那是一个上了年纪的婆婆和一个年轻点的叔叔在卖小笼包。那个时候好像大家都很喜欢赖床，常常来不及吃早饭。匆匆忙忙赶到学校门口，买一袋小笼包喂饱肚子，然后再上课去。我不喜欢赖床，却也对千篇一律的早饭没什么兴趣，常和小伙伴们买一袋小笼包在榕树下一起分享。印象里那个婆婆总是笑眯眯的，特别和蔼。

　　从袋子里拿出一个包子，闻起来还有浓郁的香气。咬一小口，丰富的馅料探出头来，让你不由得想咬第二口。包子皮很有嚼劲，肉馅新鲜而不肥腻。包子上的褶皱像是很用心一下下捏出来的，让人觉得很精致。虽然只是街头小贩卖的普普通通的包子，却和高级餐厅里做法精湛的西餐一样用心。我总是忘不了，那个婆婆把包子递给我时，认真又小心的神情。做事认真的人也会得到别人的尊重。

　　夏日的风轻而凉，绕过榕树青绿的叶子，掠过耳边，在身旁环绕。用指尖夹起一个小笼包，清风包裹住温热的外皮。张开嘴去咬时，会感觉有一缕微风掠过唇齿。身旁有伙伴灿烂的笑容，那个时候我们谁也不在乎吃得油光满面的样子被老师或同学注意到。年少的我们总是很容易开心，那个时候的光阴像流动的金色，如同施了魔法一般纯粹。

后来，毕业的我在人声嘈杂的集市里看到了那个卖小笼包的摊子。一如既往的扑鼻香气，一如既往的和蔼笑容。只是从此人潮涌动，再无相见之时。

## 时光长河里充满回忆的角落

我吃串姨的串，吃了有六年了。从我小学三年级到初三，从不谙世事的小孩子到如今亭亭玉立的大姑娘。即使有很多东西都变了模样，可是串姨的串，那个独特的味道，一直都没有变。

很久很久以前，串姨就开始在我的小学对面摆摊。当时的摊子很小，零星有几个人去。后来串姨的名气大了，摊子周围总是围着好多人。串姨一边卖东西，一边和周围的姐姐们说话，很热闹。我当时年纪小，站在一旁默默地看着，不敢走过去。

有一天我鼓足了勇气，到摊子前小声地说："阿姨，我要一个这个。"旁边站着的姐姐顿时大笑着说："她不叫阿姨，你叫她串姨就好了。"后来慢慢熟悉，串姨细心地记得我不吃辣。每次我去的时候都不加辣椒。串姨的串是手工制作，分量足味道好，每天都供不应求。

串姨的摊子不仅卖串，还卖她亲手做的麦芽糖，各种口味的都有，有的麦芽糖里还有果粒。用两根细细的竹签挑起来放到嘴里，甜甜的感觉从舌尖蔓延到心底。

后来我上了初中，每天放学的时候路过那里，还是会买串姨的串吃。串姨也习惯了我的到来，每次都会和我寒暄几句。串姨的串越来越有名，吃她串的有普通的学生，也有开着豪车穿越半个城市到这个角落的人。但串姨的串从未变过，一直是那个熟悉的味道，让人感到温馨。

有时心情不好，背着沉甸甸的书包慢慢地走。买一根串姨的串，咬下一口，能尝到酥脆的外皮和里面绵软的面筋，调料很快沾满了嘴唇和舌尖。在寒冷的冬日里囫囵地吞下去，感觉美味似乎在身体里发酵，释放出一种让人心情美好的激素。坏心情一点点地被吞噬掉，整个人都变得快乐起来。那是现在的我们极少感觉到的，简单纯粹的幸福感。

这座北方小城不大，可是我有时还是会迷路。以后的我可能会离开这里，去更远的地方，遇见更有趣的人，尝到更美味的食物。但这都不及我在这座城里收获的温暖。这座城市风总是很大，但我能感觉到家的温馨与幸福，也只有在这里，我才能找到家的感觉。

乘风而至的那些味道，带走了很多，留下的也很多。惟愿它们在下一个午后或清晨，能温暖一个如我一般的，过客。

# 岁月微暖

麦田田

因为有你，我仍旧拥有感知幸福的能力。

## 1

我喜欢下着滂沱大雨的时候，去一家名为"七轩"的店，那是我经常带着画板躲雨的地方。还有一点是因为，那家的店主人心肠很好，总会喊"小不点儿，进来吧"。

第一次见面时，他打开店门就问："咦，是学美术的吗？可以让我看看你的画板吗？"

那时的我往身上死死地抱着画板，小声地说："我画得不好。"看着眼前的大男孩儿嘴角露出浅浅的笑，我的双手就像是快把画板给抱碎。雨下得我根本不敢走出去淋雨。

可他却说:"你又不是画师,要规规矩矩的,画画能表达自己的心意不就是了。"

那天因为下雨我并没有去找美术老师,却穿着不合适的喇叭裤进了七轩。店里的人不多,但是很协调地构成了一幅画面:靠窗的中年西装男子正冥思苦想地写着东西,突然,他露出一丝喜悦;还有一家子正慢腾腾地喂着不肯吃饭的孩子,那孩子有点儿可爱……

因为别人没注意到的细节而想小心珍藏的心情让我觉得它是一种小确幸,所以那时不管是店里的装潢还是店内的环境,都让我感到那是不平凡的一天。

他看我的画时,没有多做评价,只是轻轻地摸了摸,接着他抬头笑了笑说:"小不点儿,要喝果汁吗?"

他跟我的美术老师有点像,像的是对艺术的认知,他店里挂在墙上的画给人淡雅的感觉,灯光又恰好是微暖色的,地板古朴清幽。唯一和老师不同的是他有一双清澈的眼睛。

2

初中的时候有一颗龅牙一直困扰着我,不仅让我时常咬到下唇也让我不敢轻易对别人张口笑。几乎是每天都在被龅牙毁一生的信息洗脑,做梦梦到龅牙掉了,梦里会笑,醒来就哭。我也没有别人精心编织的马尾辫,妈妈总是见我头发过脖子，就喜欢拿着大剪刀"咔嚓"一声，把我的期待给剪了。

我原本就是个小心翼翼想留着头发又不敢抗拒妈妈权威的小孩儿，在手机里哭着不想学美术被妈妈骂得狗血淋头的这样一个神经脆弱的小孩儿，怎么现在的我就像是个糙妹子，把我扔在人群里，也能迅速和人打成一片？

我想，这或许都是因为他吧。

我开始喜欢把美术课上画的水粉画一股脑儿地全放进他怀里，谁也不知道那时我哪儿来的勇气。最初他有点惊讶，但我知道他会小心翼翼地把画摊开，看画上未干的水粉。然后他笑起来的时候就会有弯弯的月牙。

有一次也是下雨天，我躲他店里时，他问："可以为店里画画吗？"

"我妈说，我成不了器。"我小心翼翼地说，生怕他生气不理我。

"小不点儿，你是不是从来都没笑过？"他没有理会我刚才的话，又给我续了一杯果汁。

雨停了，他起身缓缓推开窗户，我闻到了一股窗前茉莉的清香，他深呼吸一口气回过头说："你就没跟你妈妈说戴牙套的事情吗？"他完全推开窗户，光线有点儿刺眼。

那时的我感觉非常的难过，就像他已经非常含蓄地想鼓励我去戴牙套，可我内心里却想着，我肯定是只丑小鸭，非常丑，让他也觉得非常困扰。

可他却像是没有发现我的异常，边摸着脑袋边摆弄着柜台前的杯子，好久才走过来坐在我对面说："小不点儿，记住你现在难受的心情，如果这样你都不努力争取的话，你就会一直难受下去。"

3

有一段时间近视加深了，会闭着眼睛，非常二地想象着有个人站在我面前，微风吹过他的脸颊，他笑出了爽朗的声音，然后眼前的景象全部定格。我在那一瞬间，总是不由自主陷入自己的情绪中，那样的我显得特别傻气。就像很多年前，生过一场大病，还耽误了期末考，年段排名从第十一滑到年段三百。那时哭着拿手机打电话跟亲妈说："我不想读了！我要回家！"

后来，内心如此细腻，挣扎着要过普通人的生活，即使内向也想争取着能跟同学一天说上几句话就能开心到记住所有细枝末节的我终于让妈妈妥协，同意我学美术，可没学几天，又哭着打电话给妈妈，等着下一轮妈妈的训斥。

"小不点儿，记住你现在难受的心情，如果这样你都不努力争取的话，你就会这么难受下去。"

那时的我开始骑脚踏车，到开发区的一条小路上。

天空经常是一片晴朗，而我的右手边是一大片的花田，我经常停下脚踏车，望着花田，清风拂过我的脸颊。那是一片不知名的花，在阳光下静静地开放着，一根根柔嫩的茎带着一片灿烂一起晃着，可是我的感知却麻木了，因为最疼我的爷爷刚去世，我完全哭不出来。我奋力地蹬着脚踏车，想远离花田，一个不小心，车子却被石头给绊倒在地，刺痛充斥我的全身。看着受伤的膝盖，我全身无力地躺在地上，看着天空。此后便开始了我漫长的中二期。

我的中二期是心理医生和一个老牙医给治好的。那时牙医拿着机器吱吱吱地磨我那颗困扰我十多年的龅牙，快磨到牙床时，嘴巴里已经尝到了血的味道。此后的一个月我牙疼到得吃止痛药，但都忍着不吃。终于戴上牙套的那一刻，我看着镜子中的自己仍然是只丑小鸭，但是突然不觉得难受了。我以为过不去的坎，终于还是在时间的切割下消失了。

这些年我一直在对自己说："亲爱的，请相信，这已经是够糟了。不要对未来感到恐惧，你要相信你已经更努力地想摆脱这种困境，你要相信一个相貌平平的女孩儿，也会创造属于自己的奇迹，哪怕她笨手笨脚，反应迟钝。"这就是我感觉我病入膏肓时，不停拿笔写出来的话。

虽然后来我没有再学美术，但我却很喜欢那家七轩店主人的性格。想起他的时候，却发现他已经在2012年5月的时候病重逝世。

若他还在，看到现在的我是不是会油然生出一种自豪感，不得而知。后来再经历一些事情，我仍旧爱哭，却不再像以前那样内向到过不了普通人的生活。同样地，我的心思已经粗到写不了细腻的东西，但我仍然想写点温情的东西。就像我曾小心翼翼地问过他的一句话："你为什么想开这家那么文艺的店？"

他笑了笑说："因为一个人。"

我张开嘴角想说什么，最后还是合上了，他默默地给我续上一杯果汁，最后爽朗地说："小不点儿，我相信你会变得越来越好的。"末尾他又加上一句话，"特别是在我这个伟大名师的影响下。"

岁月微暖，越向前走，越觉得前面的路有分量。

# 当冬夜渐暖

孙 苏

我又随着旅行大巴车，来到了广州。在漆黑的车厢里，抬头望向天空，竟然看到了一直心心念念的高积云，云层在高高的天空中一动不动。我拿出相机，终是捕捉到高积云的样子，邻座的女同学看着我手舞足蹈，像是见到了怪人。

当车又徐徐停在老地方，车上的人开始往不同的方向散开，我一个人背着书包，走入了地铁站。地铁三号线永远都有机械的女声在说着："乘客请注意，由于乘客较多，现在实行客流控制……"地铁的人群永远留下匆忙的身影，不带走一片云彩。我下意识地看看出闸处的楼梯，那里没有流浪的歌手。

往事如烟般袅袅升起。

半年前的冬夜，还是大一新生的我第一次去面试兼职，十点收工但我因人生地不熟兜错了路，找地铁找了快一个小时。终于见到直耸入云的地铁标志，我迅速跑下电梯，希望能赶上最后一班地铁。走在我前面的男生看了看手机，慵懒地对身旁的女友说，好像地铁关了哦，我们要不打车回去吧。

他呼出的那口气变成白烟，快要代替泪水模糊我的眼睛。

但我还是不甘心地走下去，看看地铁司机是否收了工。

突然，耳后传来一阵低沉而富有磁性的歌声："当冬夜渐暖，当夏夜的树上不再有蝉，当回忆老去得痕迹斑斑……"我转身看过去，是个戴着黑框眼镜的男人在弹着吉他唱我最喜欢的孙燕姿的歌。已经没有人为听歌而停下几秒了，我也不太明白他为什么要在这样人们裹紧大衣行色匆匆想回家的冬夜里，不留在家而出来唱这样的歌。

我走上前去，在他面前停下静静地听。他若无其事地弹着吉他唱着歌，丝毫不在意是否有人停留下来倾听。他理着清爽的板寸头，皱纹在他的脸上有了岁月的痕迹，看起来约莫四十岁的光景，戴着眼镜，看起来文质彬彬。他特别投入，我也好像忘记了时间和饥肠辘辘的肚子，只想拥有最动听的这一秒。一曲完毕，他轻轻放下吉他，拿起放在脚后的保温瓶，慢条斯理地拧开喝了一口水润润嗓子。下一秒就问我："赶不上回去的地铁啊？"

"是啊，兜错路了，差点都来不了这里了。"我好无奈地说出这样的话。

"没事嘛，我也没有回去啊。"他笑了笑，又端详了我一遍，说，"我女儿也像你这么大啰，她在南方读大学，要过年才能回家啰。"

"所以你是北方人吗？"我有点儿惊讶，心想该不会是陪女儿来读书的爸爸吧。

"对对对，我是北方人。我的女儿就在广州读书，我这次来其实没有告诉她，纯粹想在她的校园里走走，看看能不能偶遇她。"他摸摸头，有点儿尴尬的样子，"想到明天要去看她，紧张到睡不着。"

他谈起女儿时的模样，憨厚得可爱。他说女儿是他的骄傲，说他像她这么大的时候就已经辍学，但他从没有后悔走遍天南地北，然后又感叹一阵岁月不饶人，自己也变成了最普通的人。

就这样，我和他出了地铁站，断断续续地聊起南北方，聊他的女儿，聊从前未实现的梦想。我知道他的女儿不太喜欢被他跟着，她谈恋爱了；我知道冬天其实南方比北方湿冷，北方人在冬天有好多能热身的活动；我知道也曾年少的他流浪他方、四海为家的梦想，也想一直这样唱下去。

那一晚，我们恍若变成了同龄人，没有丝毫隔阂。走了不久路后，当他伸手看手表时，发现已经快十二点了，好像很着急地和我说:"这么晚,一个人回去不安全,要不我送你回去吧。"

我实在太怕那种这座城市灯火通明,但没有一盏为我而留的心酸,但我那一瞬间,最怕的居然是分别。

大叔好像察觉出我的心事一样,笑笑说:"如果我女儿也像你一样不舍得就好了。没事啊,我不是送你回去吗,我们可以边走边聊啊。"

我猛地点头,心头泛起阵阵暖意。他笑着呢喃那首李宗盛填词的歌:"褪尽了青涩和懵懂,当人在异乡才知感动,离家时故作轻松,留给娘的是匆匆……"

这是我第一次,像在异乡遇到家人的感觉。在这个悄静无声的冬夜里,两个裹着大衣的人,没有因为下了一场小雨后格外的湿冷而中断说话的热情。他也时不时地告诉有文字梦想的我,不要半途而废,总有自己的出头日。

一辆出租车停在我们身边,司机大叔很热情地问我们去哪里,要不要载一程,免费也行,天太冷了。

我们相视两秒,二话不说直接打开车门,缩进了车子里去。坐上车的那一刻,简直能用"我感受到这个世界满满的爱意"来表达温暖的程度。然后,我才发觉聊了这么久,我并没有向他介绍自己。我伸出手来,郑重其事地说:"我想认识你。"

他叫陆中文,来自天津。司机大叔通过后视镜,笑着说："原来你们不认识的啊，还以为你们是父女呢。"

司机大叔看到陆中文拿着吉他，揶揄他来一首，而陆中文好像也特别兴奋一样，唱起那首《安和桥》："我知道，那些夏天就像青春一样回不来，代替梦想的，也只能是勉为其难……"他皱着眉，一脸伤感。我们都没有再问他的过去和女儿，但他也把压抑在心内的话都说了出来。原来他年轻时打算四海为家，但却在二十几岁的年纪有了一个女儿，曾被认为可以相伴一生的伴侣却在那时离开了他们，于是他放弃了那些远方和梦想，专心做个好爸爸。女儿长大，有了喜欢的人，有了自己的思想，不再受教于他的那一套。他自然是懂得适当放手，只是有时孤独得要发疯，所以才来到这里。

司机大叔听完后也加入了我们的谈话，诉说生活的艰辛，飘风不终朝，骤雨不终日。生活没有谁比谁更容易，而我们都是在负重前行的人。

不知道是一路聊天还是时间过得太快，出租车很快就抵达了学校。保安室里发出微弱的灯光，还有人在值班。我匆匆下车出示学生证，他点点头示意我可以进来，然后嘴里碎碎念我这么久都不回学校。

陆中文摇下车窗，微笑着和我说："到了夏天，我就带你和女儿去看透光高积云，给你们唱好歌！"说完他挥挥手，当是和我道别。我隐隐约约听到车里开着的电台在播孙燕姿那首歌，真的要流泪了，在一旁的保安却一直在催我快点回去，别冷着了。

我也和他挥挥手，看着出租车慢慢远去，消失在奶黄色的灯光里。

第二天醒来时，发现大太阳也出来了，再看手机时，经理通知我面试过了什么时候来上班都可以。内心一阵窃喜，好想把这个消息分享给陆中文。

我马上背上书包，因为没有他的联系方式，我只能回到那个地铁站等他出现。

但他没有出现。

此后几天，我都没有遇见他，不知道他是否真的到他女儿的校园转了转，是否偶遇了他的女儿和她相拥而泣，也不知道他是否回了北方，从此安稳过好余生绝口不提梦想。

我没有再遇见他，也没有听到任何有关他的消息，他好像消失了一样，又好像是我凭空想象出来的陌生人。

但我知道，那晚发生的，都是真的。

如今夏天已经快结束了，我又回来了广州，每天依然很忙，走在大街小巷仍然会嗅到一阵杧果和冰箱混合的味道。我看到了渴望的高积云，收到了自己挣来的工资，不再找不到地铁口，不再迷路。

虽然没有再遇见他，但我还是非常感激他，让我拥有一段回忆起来仍然温暖美好的生活。

嗯，像他那天笑着回答我为什么不直接告诉女儿而要自己悄悄去她的学校时说的一样，这就够了。

真的，够了。

# 其实你很好,你自己却不知道

许白梨

她是你初一的班主任。那天,她在班上询问有没有人愿意当历史科代表,一连几天都没有学生说一声愿意。你看着她为难的样子,走到她身边:"老师,要不让我试试吧。"她有些惊讶,你是班里最安静的学生,而班里的同学又是特别的调皮捣蛋,让你做科代表,她担心你会受委屈。几日后,她在班上宣布选你做班里的历史科代表时,你和她同时听见了预料之中的唏嘘声与嘲笑声。她发飙了,气场镇压住了全班同学对你的不尊重。自此,再没人敢笑话你。而你也从没让她失望,科代表该做的事,你都完成得非常好,学习上的事你也从来不让她费心,自己钻研与练习,终于在最后,华丽丽地从成绩最差的那个班,转到尖子班。

她是你初二的语文老师。那天,你写下的一篇文章被她拿去比赛,一个月后,那篇文章在学校里得了二等奖。没有过多的兴奋,好像这结果并不是你想要的,以至于后来的你更加努力了,天天怀里揣着杂志,看到喜欢的句子便记下来,一本,两本,三本……毕业后你才知道,那时候你是有特权的,因为从来就没有人敢把课外书往学校里拿,更别提把课外书里不认识的字拿去问老师,只有你是特殊的。

她是你初中母校的主任,以严厉出名,就连平常坐在楼梯口吸烟的小混混都怕她十分。可她到了你面前,却是温柔得不像话。她会对你笑,会跟你说"你好"。后来她想创办属于这所学校的刊物——《思贤校报》。于是,她找了你,跟你约稿。从此,往后的每一期校报上都会有你写的文章,就连学校的午自习广播里的文章,也常常是由你一个字一个字写下的。

她是刚踏进社会的实习小护士。那天学校组织体检,不知道大家是从哪里得来的消息,他们都说她是实习护士,扎针技术不行。这话一出,导致没有同学愿意坐在她面前让她扎针抽血。你看见她坐在桌子前,眼里满是失落的神情,心忽然就柔软了下来,想着你要是不去给她当一回小白鼠,估计她也没有机会升级为正式的吧。于是,你便径直走到她面前,坐在椅子上挽起了袖子,将手臂伸到她面前说:"来,给你。"没有人知道你为什么要这么做,你自己也明白,你和这名实习小护士的缘分可能就只有这短短的几分钟时间,就像两条直线,交叉完之后再也没有任何的交集。可是如果重来一次,你还是会这么做。

她是无家可归的老奶奶。那日你坐在街口的小摊上喝豆浆,她走过来,嘴里念叨着:"小妹啊,你行行好!"那时候是冬日,她手里拿着乞讨时用的破碗,头上的丝丝银发在寒风中兀自地飘着,身上的衣裳不仅很脏并且还很单薄,嘴唇干裂得发紫。你看着这样的老人,内心暗暗地发疼。你掏出身上所有的钱给她买了一杯热豆浆和一些油炸饼。老奶奶不断对你笑,你知道她是找不到言语表达内心的感激。面对她满足的笑,你内心却满是愧疚。遇见她的时候,你也只是个穷学生,连吃早餐的钱都是由外婆供给,每星期五块钱,而你买给她那杯豆浆和那几块油炸饼,哪里够她支持一整天?她衣裳单薄,难道你不是?如果每天不喝热豆浆,你也没办法忍受整整一个早上的学习时光。于是你暗暗地作了个决定,倘若将来你过得好,你会给街上流浪的人儿买一些吃的喝的,还要给他们置办衣物,如果他们愿意,你还会带他们到养老院,让他们免受饥寒之苦。

前几天是你二十岁的生日，有人问你到了这个年纪是什么感觉？你说，可以领结婚证的年纪，然而身边并没有一个可以跟你一块去领证的人。记得你常说你不够美好，在爱情里太傻，在人际交往里太容易把自己的喜怒哀乐挂在脸上，受了委屈也不愿意讲，遇见不开心的事总是会跟最要好的人吐苦水。

可是亲爱的，你知道吗？其实你很好，你会在同事发高烧时一整晚不睡，她不愿意吃药，你便整晚给她煮水喝，给她贴换退烧贴，直到她退烧。

你也会在买衣服的时候，买一些送给山区的孩子，从来都不愿意留下自己的名字。

你听，有人在唱："我想说其实你很好，你自己却不知道，真心地对我好，不要求回报……"我想把它唱给你听，然后告诉你："亲爱的，其实，你真的很好！"

## 追云的日子

# 彼时花开彼时梦

小圆子

校园里的木棉树上点缀着一朵朵木棉花，红花楹树也开出了火红火红的花，远远看去，炽热而猛烈。似乎只是一瞬间，我们就要毕业了。

每次发试卷时，班里总有那么几个同学，顶着大大的嗓门儿喊："每人一张就够了，不要贪心不要抢！"接着就会遭到集体鄙视。老师看着我们刷题时不情愿的表情，竟然还笑嘻嘻地说："那是你们的毕业礼物，以后就没机会送了。"

同桌小Z是一个很可爱又执着的小男生，传说中他从小学六年级到初三喜欢一个女孩儿喜欢了四年。那个女孩儿成绩很好，在C中读书，为此他很努力，想要高中的时候和那女孩儿考同一个学校。记得那一次我没有带化学书，向他借时发现他的书里写了好多暧昧的句子，诸如

"××，我很想你""我要和你一起上大学"之类，我扑哧一声笑了："怪不得你这样动力十足啊！"他抢过自己的书，有点儿不开心："以后不要随便借我的书！"我摸着他的头，学着大人的语气，语重心长地说："孩子，这没什么，早恋是正常的，不要太在意，有动力是好事。"他不理我，专心写作业。我摇着他的手臂："小Z，不要生气啦，我保证会保密。"然后楚楚可怜地看着他。过了一会儿，他忍不住笑了："圆子，你真是逗，不要用那种幽怨眼神看我，我没生气啊。"然后又笑嘻嘻地把化学书递给我。

临近中考的那几个星期，轮到我和小Z值日的时候，他突然一反常态，很主动地去倒垃圾、提水。从初一开始，每次值日他都会和我讨价还价："你去倒垃圾，因为我早上倒过了，下午轮到你。""你去提水，因为我刚刚扫过地了。"我一脸鄙夷地看着他："小Z，你是不是男生啊？这种粗活不应该是男生来做吗？"他总会自动过滤掉我的话，匆匆忙忙地打扫完，捧着篮球消失在班门口。所以对于他主动倒垃圾提水这事我感到十分惊讶，结果他给的答案那么厚脸皮："我一直都是雷锋叔叔的化身！"

志愿表发下来之后，整个班沸沸扬扬。闺密熊猫说："圆子，你报考A中吧，你的成绩肯定能上！"我犹豫不决："可是我报考A中的话，你怎么办？"闺密沉默了几秒："我爸说我的成绩不好，叫我直接读中专读完出来打工。"我睁着大大的眼睛："怎么可以？你说服他啊，跟他说你想读高中啊。""没用的，他就是不同意。"熊猫露出很失望的表情。"你的决心还不够坚定，再试试吧，你可以的。不管怎样，一定要读高中，证明给你爸看，你可以学得很好。"我握着熊猫的手，给她一个坚定的眼神，"我一直都在你身边！"熊猫泪眼汪汪地看着我，点了点头。

　　两天后，我收到了熊猫的好消息，他爸爸同意让她读高中，只是表示，如果考不上高中，后果自负。我默默地在志愿表上填下了我的母校——B中。熊猫好奇地看着我："圆子不报A中吗？"我看着她："因为我还要和你一起上学，一起回家啊。""如果我考不上呢？""别想太多，我以我的人格作担保，你绝对考得上。""可是你人格不怎么好耶。"我瞪了熊猫一眼，熊猫给我一个大大的拥抱："圆子，谢谢你。"

　　上交志愿表的那天，我看到小Z的志愿也填了B中，我戳了戳他的手臂："你不是要报A中吗？""我也想啊，可是我喜欢的女孩儿报了B中。""你喜欢的那个C中的女孩儿不是报了A中吗？"我奇怪地问。"谁说我还喜欢她了。"我看着自己的志愿表，小声呢喃着："我也是为了在乎的人才填了B中。"

　　中考前一天，我去花店买了一大束"勿忘我"，分别送给我的好朋友作毕业礼物。当我把"勿忘我"递给小Z

的时候，他似乎很惊讶。下午放学后，突然有人拍我的肩膀，回眸间，我看到了小Z，他看起来很紧张："圆子，你知道我为什么报B中吗？"我一脸疑惑地摇摇头。"因为我想和你读同一所高中，陪你一起再奋斗三年！想和你一起上大学！"他的脸有些泛红，"就是这样，所以，明天考试加油！"说完他抱着篮球又跑开了，留下一脸茫然而又有点儿小开心的我。

校园里的木棉花早在4月份就落了，红花楹树却愈发茂盛，激励着我们奋发向上。我知道，每一个花期都有它的理由。木棉花的花语是：珍惜身边的人，珍惜眼前的幸福。红花楹树的花语是：离别、思念、火热青春。

# 追云的日子

小妖寂寂

游少言是我的青梅竹马。我们的父亲是战友,在十五岁以前,我喊他哥。

游少言从小就优秀,高三那年,我终于考进了他在的重点班。对此父亲很欣慰,认为有了游少言的带领,我也必定是能踏入重点大学的。

我的座位在教室最里面的一组,靠窗,游少言坐我后面。

高三真的是一段很特殊的时光,有无数的测试卷子,无数的习题册,草稿纸用完一摞又一摞,笔芯换掉一支又一支。幸好我有个游少言,所有我不懂的题目他都给我讲解,所有我不开心的时刻他都陪着。

是的,当我领回来自己的卷子,顶端那刺目的红色的粗大的张牙舞爪的数字,轻易能让我不开心。不开心的我蜷缩在座位里，手抱着双膝，下巴顶在膝盖上。眼睛里有雾气升起的时候，游少言在后面扯我的领子，让我看窗外。窗外的天空真蓝，那一团一团游走的白云被阳光照得有些许透明了，真好看。游少言知道，我从小喜欢看云，看云能让我平静。

作为年级唯一的重点班，学校重视得很，领导们轮番上阵，苦口婆心地劝说我们一定要珍惜时间。然而我却开始力不从心，每次看到测试成绩的排名表上，我与游少言的距离都隔得那么远，心底的忧伤就如藤蔓一样爬上来。

游少言开始在傍晚时分带着郁郁寡欢的我去爬山。他真的很好，在所有人都争分夺秒地备战高考的时候，只有他注意到了我的情绪。

我们走在学校旁边的笔架山上，风缠绵着穿过我们的发梢，滑过我们的鼻尖。我的脚步渐渐变得轻盈了起来，我承认我喜欢这些瞬间——离开题海，忘却分数。游少言抬头望着天上的云，问我还记不记得小时候追赶云朵的经历。边说着，他忽然就迈开腿跑了起来："山顶那边有朵像小兔子的云，我们去抓住它！"反应过来后的我，也立马跟了上去。

一路向山顶奔跑，风在耳边歌唱着，如此熟悉的感觉。我想起小时候，有一次我追赶着一朵云跑，一直跑到了最高的山峰之上，我伸出手去抓那触手可及的云层。但云朵是那么奇妙的东西，明明就在我眼前，我却抓不住它。

就像此刻跑在我前面的游少言一样。

从小游少言就是我追赶着的一朵云,小时候,我跟在他的屁股后,不停地跑呀跑呀,让他带我玩。长大以后,我还是只能跑在他的身后,仰望着他考了第一、被评了三好学生,当上了班长……在十五岁以前,我为这样的游少言感到骄傲,在十五岁以后,那些骄傲忽然变成了酸楚,于是我不再叫他哥哥了。

从此我拼命地跑,用尽力气跑,终于在高三这年,我追赶上他的脚步。我以为我们站在同一条线上了,我以为我们可以肩并着肩了,结果我却发现,他依然是那朵高高在上的云,任凭我伸出手去也触及不到。

还好,游少言虽然跑得比我快,但他是一朵会回过头来对我微笑的云。

尤其是当高三这条鞭子抽打得我伤痕累累的时候,游少言的微笑,就起了安神醒脑活血化瘀的好功效。我不知道他懂不懂我的心思,只是每次看见他坚定而纯粹的眼神时,我都会把双手紧紧握成拳头。我告诉自己,不想给青春留下遗憾,那就得一直地向前奔跑。只要我不停下来,离那朵美好的云总会越来越近的。

在游少言隔三岔五地拉着我到笔架山上追云的日子里,高考渐渐逼近。后来,我终究还是没有考上重点大学。后来,我终于也明白,那高高的云,能远远地看着就已经很美好了,而追云的日子,才是谁也拿不走的独家记忆。

# 一场失去口红的旅行

街　猫

在贵阳的最后一个夜晚。雪里青说，本来她近视又不戴眼镜看不太清东西，没想到我更瞎。本来她出门不认路，没想到我更不认路。

一夜之间，她什么都会了。

你看，一个笨蛋只要遇到另一个更笨的笨蛋，就有机会成为英雄。

过安检时书包里两瓶指甲油被扣了下来，我心如刀割。

我带了一本书，两瓶指甲油，三只口红，为旅途中可能出现的困顿无聊做了万全准备。

到我回来的时候，指甲油没了，口红丢了，白求恩的传记被我用来垫在火车的桌子上睡觉。

这是我第一次坐火车。二十七个小时。我和雪里青傻傻地在贵阳北站等了一个多钟头。在检票时才被告知火车是在贵阳站坐。

当我们打的赶到贵阳站，火车已经开走。

我们手机里都不够钱买下一张火车票，于是拖着拉杆箱走进烈日照耀的公路上去找银行存钱。钱没存进去，我还顺便把钱包弄丢了。连同里面的卡啊口红啊钥匙啊U盘啊。我才刚跟一个戴粉色帽子的女生学会用桃红色口红当眼影用。

我觉得自己好蠢好蠢，这些年为什么为什么为什么一直在不停不停不停丢东西。

这几天我几乎和雪里青形影不离。在第一个景点的时候，我爬下河边和一个垂钓者聊天儿忘了时间，鬼鱼和杜耀辉返回吊桥时叫了我一声我才惊觉，爬上来，所有人都走了，而雪里青在上面等我。我们还是不怎么说话，但我已经能在她面前非常心安理得地换衣服，在她跟我说房间里有一个大虫子的时候回答："那请你把它踩死，不要让我有机会看到它。"

最后一个晚上大家一起去大排档宵夜。上菜太慢了，我吃到一半失去耐心跑了出去。

和凉华轧马路，在路边的一家面包店买了杯酸奶，十块钱。我用牙齿一咬开，酸奶其实只有一杯的三分之二。

卖那么贵还不给我装满!

类似这种小事情真的能把我气疯。比如电影院里没有杯装可乐,耳机不翼而飞,最后一个冰激凌被排在前面的人买走。

凉华说,这种小商贩很精的,看出我们是外地人就会叫高价。

第二天我在路边买水饺又被坑了,我明明知道她在使诈却又无计可施。因为她已经煮好了,而我买之前又忘了问价。

我和雪里青在高铁站想打车去附近一公里的咖啡店,司机操着浓重的地方口音跟我们要价四十,吓得我们立马转头。在高铁站里的便利店,我们问店员附近有没有吃东西的地方,她说没有。于是我们在便利店里买了一堆扛饿的零食,谁知一走到便利店对面就是一个广场,一眼看去全是牛肉面排骨面各种快餐。我们走进一家店吃面充电,是我这辈子吃过的最难吃的面。

但现在想起来,其实还蛮高兴错过了那班火车。

晚上凉华回贵阳带我们走了好远的路去一家他赞不绝口的餐厅,结果人家店没开门。

我根本不在乎吃什么。我很累,只想找个有空调有无线有沙发的地方坐下来。

我一进店把自己摔在沙发上第一件事就是脱鞋,把腿盘在沙发上，很大声地问服务员有什么冰的喝的，说你们赶紧给我们上菜，我们当中有人等下要赶火车赶不上就不吃了。

其实我平时没那么粗鲁。真的。我从初中开始零零散散做过好多兼职，了解餐饮服务员的辛苦。我平时对他们都是眯起眼睛露八颗牙齿地笑的。但现在我不想眯眼睛，不想露牙齿，不想笑。

除非水饺大娘退四块钱给我。

送走秦耽后凉华带我们去了贵阳的金融街，那里有非常漂亮的夜景。

凌晨的火车站，我把蓝色气球放飞，抱了一下凉华，检票进站。二十七小时。回到上海。

我走进早晨的便利店买酸奶和面包，回到了我的生活。

# 你见过凌晨四点的网吧吗，我见过

雀 安

我已经三天没走出网吧的大门了，两眼迷离，宛如废人。

W先生坐在我身边，面无表情地重新打开SU建模软件。他的铜色薄框眼镜垂在鼻梁上，头发有些乱。我想把他的黑色衬衣领子翻过来，想了想，还是没动手。

我俩一上午没讲话。原因说起来也不复杂。我和W先生都是学建筑学的，在同一个班上。说实话大一大二我对他没什么印象，只是觉得看背影有点像易烊千玺。后来他换了个陈冠希的发型。大三突然互相开窍，一起去了苏州旅游，牵着手回学校让全系大吃一惊。

还是把重点放在现在。建筑生到了学期末就全天候赶图，因为笔记本电脑带不动模型软件，所以我和W决定去网吧通宵做图。他用网吧的电脑做SU模型，我用自己的笔记本做CAD平面图。朋友们，三天啊，连续三天我俩就趴在桌子上睡了三个小时，与世隔绝差点儿羽化而登仙。终于，早晨七点，他把模型都做完了，刚想松口气，电脑突然自动关机。网吧电脑关机会刷机，表示他之前做的模型全都没了。

W先生一脸蒙圈地转过头看着我。

"你……保存在硬盘里没有。"我也一脸蒙圈。

"没。"W闭了一下眼，暗咒了一声。我拉他袖子，他说没事，低头走到网吧的阳台上，对着清早潮湿的冷气咬牙切齿，但没让我看见，我知道他很难受——废话。

他又开始重新做图，几个小时后，模型初具规模。然而这时候，我的笔记本电脑显示没电了，我想，是不是插排出了问题。然后，做了一件让我都想打自己一耳光再往脸上泼杯咖啡的蠢事。

我二话不说，直接按了插排的开关，他的电脑再一次关机，他刚做好的图，再一次没了。

……

所以，到现在W先生都还没有理我，我小心翼翼地坐在旁边。我觉得他没说跟我分手已经很好了，我要是他，我一定会跟这个蠢蛋分手的。

W是我初恋，我写过许多男主角，他不是任何一款，但满足了我从小研究言情小说对男主角的一切幻想，十分对得起我看过的言情电视剧和少女心。说到少女心，有天他非要公主抱。

"不行,你抱不动。"我摆手。

"你还不信我?"W眉毛一挑。

后来我俩齐刷刷地摔在了制图室外的走廊上,走廊上,人,来,人,往,啊。

后来我想明白了,是我不对,我没领会他的意思,他应该是想让我抱他的……呵呵。

W是典型的天秤男,平时脾气好得没话说,万一真生气了管你谁是谁一边儿凉快去。所以如今我也不知道他是不是真的生气再不想理我了。

"喂。"这大爷终于说话了,瞟了我一眼,"下楼去吃饭吧。"

"好。"我赶紧屁颠屁颠跟在W后面。

突然来到室外,我有些眩晕,可能是网吧空气太差,也可能是长时间不睡觉。

W拉过我的手放在他的口袋里。

"不生气了?"

"不生气。"

W先生说,呼出一口白雾:"没有人可以陪我在网吧通宵三四天,除了你。"

可他不知道,没人可以一直惯着我的脾气,没人可以像孩子一样逗我开心,没人可以陪我度过许许多多不知所措的时光——除了他。青岛的冷冬不招人讨厌,蓝天白云依旧，最爱的人依旧，流浪狗摇着尾巴逗着W，他笑了。

　　这是一个悲伤的故事，说明我们还要重新做SU模型，可为什么我总想笑呢——笔记本电脑没电是因为我没插充电器啊笨蛋。

# 人活到多少岁，才会来不及啊

巫小诗

周末跟老朋友见面，聊了许久的天，两个二十多岁的年轻人，居然在"遗憾"这个话题上花了很长时间。

她说，很遗憾考研落榜的那年，自己没有选择二战。现在自己的工作单位，刚好就在落榜的那所大学附近，她每次坐公车去上班，都会途经学校，三三两两、有说有笑的学生进出校门，她总是不忍心看。

我问为什么不忍心。

她说，那种感觉就像因为自己不够好，所以只能眼睁睁看着自己喜欢的男生挽着别的姑娘。

我鼓励她，现在再去考研也不晚，可以再试试。她叹了一口气说，年纪不小了，来不及了。

回家后，我一直在想，人活到多少岁，才会来不及啊？朋友如果能年轻三四岁，她会辞掉工作清心寡欲地回去读书备考吗？我不知道，反正，我大概是不会。

有时候"来不及"好像跟年龄没什么关系，自己要是觉得来不及啊，一定会来不及的。

几年前的一次旅行中，在尼泊尔一家旅店的前台，遇见四个老大爷。从他们彼此间的手语交流可以看出，他们是聋哑老人，他们没有导游带队，也没有亲人陪伴，甚至不懂英语，居然就这么咋咋呼呼地结伴出游了。

领头的老大爷在跟前台交流时，掏出一个本子，在本子上画了两所简笔的房子，每所房子里有两张床，前台小哥立马会意，给他们开了两个双人间。我当时站在一旁，本来还想去帮忙呢，看样子完全不需要。

吃完晚饭，我坐在阳台的长椅上乘凉的时候，发现其中一个老大爷正靠在旁边的桌子上写字。我很厚脸皮地坐近了一点，想瞄一瞄他写了啥。

结果被他发现了，他没有生气，只是慢慢合上本子，朝我慈祥地笑了笑，然后拿出随身的便利本，写了一句话递过来：你也是中国人吗？

我接过本子，写上：是的，我好佩服你们。然后，我和老大爷就像面对一个纸质版的聊天对话框似的无障碍文字交流起来。

从交流中我得知，他们四个都是退休人员，是很好的朋友，对英语一窍不通，都是聋哑人。他们想趁着腿脚还算灵便时出国走走，选择了尼泊尔这个临近中国又消费不高的国家。

他们是一路玩过来的,去了没通公路的西藏墨脱,还去了白雪皑皑的珠峰脚下。

他写到珠峰的时候,还骄傲地掏出相机给我看他们四个在珠峰脚下的合照,笑得特别灿烂,还有老大爷比着剪刀手。

觉得他们好棒啊,我简直化身迷妹。

在后来的游玩中,我又偶然在一个象园遇见他们。象园有个互动项目,是游客坐在大象的背上,跟大象一起玩水,大象会把水吸到鼻子里,然后喷到背上的乘客身上,很刺激好玩的样子。但我怕水也怕脏,并没有去玩。

想不到的是,四位聋哑老大爷中,居然有两人去玩了这个刺激项目,一身全湿,还乐呵地比划着让岸上的老大爷帮忙照相。那一刻我觉得他们和健全老人没有任何区别,甚至比他们更健康更年轻,特别可爱。

临走的时候,他们拉着我一起合了影,我站在他们正中间,挺羞愧的。

我想到自己中学的时候很想学舞蹈,高中的时候很想学游泳,最后都因为自己年龄有些大,身体不如孩童灵活,不好意思当一名大龄初学者而放弃。

可他们,都退休了,本应该在家散散步、晒晒太阳的,心中有梦,还是会像小年轻一样,不顾家人反对,不顾异样目光,背上行囊出发,年纪大没关系,聋哑没关系，不会英文也没关系。

　　人活到多少岁，才会来不及啊？不是三四十，也不是七八十，只要你想，多少岁都来得及。

　　人真想做一件事的时候啊，眼睛里是看不到阻碍的。

# 胃中的乡愁

巫小诗

结束北京实习回家短住,母亲总在话语中给我"下套"。

问昨晚睡得好吗?我说好。她说,还是家里舒服吧,不要离家太远了。问今天的菜好吃吗?我说超好吃。她说,还是家里好吧,外面想吃也吃不到。问空气好吗、心情好吗、一切好吗、都比外面好吧?

感觉她像一个天真的小孩儿,"外面"是她的假想敌,她用美食和安逸来拉拢我,让我跟她做朋友,不要跟"外面"一起玩。

我的母亲是一个典型的小城女人,她从上学到工作都没有离开本地,且二十多年没有换过工作。她的生活既稳定又健康,每天准时起床不需要闹钟,坚持步行上班,每晚饭后散步,不跳广场舞。

她认为女人如果不搞学术就没必要念太多书，认为生小孩儿是一个女人最大的价值体现，认为当老师、当医生和在银行工作是三个最棒的职业。她希望我能有一份离家近的体制内工作，嫁个老实人，早点让她抱外孙。

她活得特别简单，甚至有点可爱，算是"诗和远方"的对立面的一种理想主义吧。我对她的人生观没有意见，这是她的选择，只是我刚好站在了她的对立面而已。

我贪玩，贪恋明天的各种可能性，宁愿在陌生的城市里辛劳与折腾，也不愿意在白水般的安逸里日日重复。

在北京实习的日子，因为物价高和饮食不习惯，大部分时间我都自己做饭。出租屋的厨房里，原房客留下了一些没带走的厨具，老旧且劣质，想着省钱，能用的我都将就在用，没买新的。

一次炒完菜洗锅时，我端起锅，锅柄突然断了，锅柄的一半还握在我的手上，整个锅却直线坠落，重重地砸在了大理石橱柜上，砸出几条巨大的裂痕，刚洗完锅的脏水溅到我的脸上，它是温的，却让我在潜意识里以为是滚烫的。我闭着眼睛，捂着"被烫伤"的脸泣不成声，以为自己这辈子就毁容了。

冷静下来后，照照镜子发现没事，洗干净脸，擦干眼泪，开始独自收拾残局。把一片狼藉的厨房擦洗干净，扔掉了罪魁祸首——那口旧锅，给房东打电话道歉，协商赔偿事宜。在等房东上门的时间里，扒了几口冷掉的饭菜垫肚子。

在那个瞬间，我好想好想给母亲打电话倾诉，想把刚才的委屈告诉她。电话快要拨通时又被我赶紧挂掉了，这个电话不能打，我们隔得太远了，她对我的担心会随着距离而倍增，九江到北京的一千多公里，是母亲担心的一千多次方啊。我最终还是没有打这个电话，房东来了，检查一番后，让我赔款五百块。我身上现金不够，问结房租的时候算可以吗。他说："不行，你可以现在给我网络转账。"

在家期间，看到自家厨房的橱柜，随口问了母亲买橱柜花了多少钱，橱柜最上面这一块板多少钱。得知数额后，吐槽了一句"房东多收我赔偿金了"。发现自己说漏了嘴之后，我只好把那天发生的事情告诉了母亲。已经过去很久了，我讲起来也轻描淡写的，只是母亲听着听着就哭了起来。她心疼我，我也心疼她，这种心疼，在接下来的很多年也许都将持续着。

我对自己的未来有过很多种规划，没有一种规划是留在父母身边，白眼狼大概就是我这样的物种吧。可是，再白眼的狼，也不能被剥夺想家的权利。虽然从未打算回家工作，但我总是会经常想家，想家的时候，总是先想起家里的几道菜。

母亲有几道菜做得超级棒：啤酒烧鸭、蛋烫粉皮、卤鸡爪、麻辣海带……说起来都不是什么了不起的大菜，就是特别好吃，是任何一家餐厅都做不来的味道。其实我厨艺不错，喂饱自己没有任何问题，但是母亲拿手的这几道菜，我一道也不会做，也不想她教我。

或许因为我太年轻了，不懂什么是"万里长征人未还"，也不懂什么是"乡音无改鬓毛衰"，我只知道，半夜想家的时候，会肚子饿。年轻人的乡愁，大概都长在胃里吧。思念太抽象了，爱也太抽象了，但家里的一道道菜是具象的。

"我想你""我爱你"都太羞于说出口了，我想吃你做的菜，想和全家人一起吃饭，这样比较好说一些，这几句话的含义其实是一样的，都是：我想家了。

如果你的母亲会烧几道拿手菜，千万别让她教你，教会了，你就离家更远了。

你给的爱，像月光般温暖

# 你给的爱，像月光般温暖

咕 咕

## 1

妈妈走后两年，爸爸再婚了。

我看到爸爸和阿姨很亲密地站在一起，大人们彼此寒暄，都笑得很开心。奶奶嘱咐我一定要乖乖地坐着，看他们走红毯。

可我偏不——

在阿姨的婚纱扫过我膝盖的那个瞬间，我把整杯可乐泼向她，可乐很快渗进了裙子里，留下一道张牙舞爪的水渍。我看着爸爸铁青的脸，心里有一阵异样的快感。

爸爸真的生气了，大步跨过来，巴掌直接就甩在了我的脸上。西装的袖口擦过我的脸，我闻到了爸爸每次抱我时熟悉的烟草味，现在只剩下火燎燎的疼。

阿姨站在旁边，低声对爸爸说："多大点儿事儿，别对孩子动手。"

整个婚礼现场都闹哄哄的，我听到很多人的议论。

"这孩子脾气也太大了点儿，本来就是后妈，以后不知道要受多少脸色。"

"小孩子嘛，就是这样，让他妈给宠坏了，以后的日子还真难说。"

我攥着杯子，特别用力，咬着牙死命忍着，就怕会在他们面前哭出来。剩下的一点儿可乐顺着我的指缝儿流下去，手心黏糊糊的，我突然很想妈妈。

爸爸没再理我了，他带着阿姨走了。奶奶牢牢地攥着我的手，再不让我走开。我问奶奶："爸爸生气会不会不要我了？"

奶奶把我搂在怀里，轻轻地说："小西乖，不会的，莫害怕。"

我看着爸爸和阿姨整理好自己，听着司仪的话，拥抱，说着誓言，向大人们敬酒。

我不知道婚纱上的污渍可不可以洗干净，我不知道爸爸和阿姨有没有在婚礼上感受到幸福和快乐。我的眼泪落在膝盖上，湿成一只委屈的小狗图案。

## 2

奶奶说我是个好孩子，可我一点儿都不乖，我故意砸破玻璃，把爸爸的书房搞得一团糟，把阿姨的盆栽拔掉。爸爸会很生气，他经常骂我，骂着骂着就想动手，阿姨拦住他，他就瞪我一眼，默默地在旁边抽烟。

阿姨不在家的时候，爸爸会显得很疲惫。他很认真地问我是不是特别讨厌阿姨，为什么会讨厌阿姨。

我玩着阿姨给我买的赛车，看它左冲右撞，撞在茶几脚上就停下了。

我抬头看着爸爸，回答他："我不讨厌阿姨。"

爸爸盯着我，抬手在我脑袋上摁了一下，又叹了口气，走了。

外公外婆经常会来看我，可妈妈再也没有来过。有时候外婆会故意生气说我一点儿都不想妈妈，是小白眼狼，被坏女人哄过去了。外公就会很无奈，他们俩就会吵起来。

外公说："你对孩子说这个干什么！"

"我外孙我不心疼谁心疼！我苦命的孩子哟……"

我看着电视机里狮子妈妈带着孩子们在草地上打滚晒太阳，装作什么都没有听到的样子。我很想妈妈，可我不知道妈妈想不想我。如果她想我，为什么不愿意来看我呢？

爸爸和阿姨很忙，我连捣乱的机会都很少，实在无聊的时候，就会折纸飞机。我趴在窗户上往外扔纸飞机，看它飞得高高的，飞往很远很远的地方去。后来扫地的婆婆经常站在楼下说我，让我别扔了。我很开心，才不听她的。

每次我放学，爸爸和阿姨都要过很久才会回家。有时候我会蹲在绿化带旁边藏起来，看路过行人的鞋子，黑皮鞋是爸爸那样的大人，会抽烟，有时候很凶，有时候会带着我玩。红高跟鞋是阿姨那样的大人，很温柔，又特别容易哭。

我等了很久，直到睡着都没有等到我妈妈。阿姨抱着我上楼的时候，我趴在她耳边喊了声"妈妈"，阿姨把手臂收紧，脚步声放得很轻。我想着她好像没有穿高跟鞋，就睡着了。

3

我经常会梦到妈妈，如果还能在梦里看到妈妈的笑脸，听到妈妈哼歌的声音，就可以高兴一整天。可我慢慢地看不清妈妈的脸了，我就经常去照镜子，外婆说，我和妈妈长得特别像，就是一个模子里出来的。可我觉得一点儿都不像，我照着镜子，根本想不起妈妈的脸。

夏天的雷雨特别多，以前妈妈会轻轻地捂住我的耳朵，我躺在妈妈怀里，可以闻到妈妈身上的味道，很清淡的香味，萦绕在我鼻尖，打着圈儿。我很喜欢这味道，我知道这是妈妈床头柜很多瓶瓶罐罐里其中一种的味道。

　　我偷了阿姨的钱去超市买了百雀羚、自然堂之类的东西回来，一样一样拆开来闻，可是我没有闻到妈妈身上的那种味道。

　　阿姨晚上回来就发现了。她走进我的房间，坐在床边，放缓了声音问我："小西，你是不是拿了阿姨的钱？"

　　我点头。

　　"是不是学校要交钱了，还是你要买什么东西，能不能告诉阿姨？"

　　我没有理她。

　　阿姨没有等到我的答案，就打电话给刘老师，打给千千的妈妈，打给很多人，他们都不知道，她没法问到答案。

　　阿姨站在我的床边，问了我很多遍。我低着头把书翻得哗啦哗啦响，就是不想理她。她突然伸手，抓着我的手臂就把我扯到墙角。

　　她生气了——第一次，她冲我发火了。

　　"你到底拿我的钱去干什么了！现在就知道偷钱了，以后你想干吗！"

　　我歪过头去看我的影子，它落在地板上、墙上，变成我希望中无坚不摧的样子。

"小西,我知道我不是亲妈,也没想过要你喊我一声妈,可你能不能好好想想,你可以跟我过不去,可你别毁了你自己,行吗?你怎么讨厌我都行,可你得做个好孩子。别让你妈——"

"我不讨厌你。"

阿姨被我打断,惊诧地看着我。我抬头,又重复了一遍:"我不讨厌你。"

我把那些瓶瓶罐罐一个一个从床底下摸出来,有些不小心洒了出来,混在一起的味道特别奇怪。我想,我可能找不到妈妈的味道了。

阿姨好像呆住了,我的手有点儿脏兮兮的,就没有碰她的衣服。我问阿姨:"我是不是偷了你的钱就会变成坏孩子?妈妈会不会讨厌我,就再也不来看我了?"

阿姨蹲了下来抱着我,有眼泪滴在我脖子上,凉凉的。有一股很淡的味道若隐若现,不知道为什么,我觉得很熟悉。

"小西是个好孩子,妈妈不会讨厌你的。"阿姨哽咽着,重复了很多遍。

挂钟哒哒哒地走着,小鸟在暴雨里哭泣,我好像听到了远方风的声音。

## 4

后来，我就长大了。

我不再用惹阿姨生气的方式来证明我的存在，偶尔在她洗碗的时候靠着门跟她说学校里好玩的事情。她听得很认真，也很开心。

爸爸和阿姨偶尔会在饭后一起去散步，沿着木桥走过去，灯光下两道身影相依着一起走着，看起来特别美好。我破坏了他们的婚礼，可是没有影响到他们的幸福和快乐。

爸爸当年没有相信我不讨厌阿姨的话，现在却再也没有怀疑过。我经常和爸爸一起下楼打羽毛球，来一场势均力敌的较量。

我跟着时光往前跑，过去的日子就全被甩在了后面，变得越来越模糊，只有眼前的一切，那些在我身边的，变得格外清晰。

"小西，快过来。"阿姨叫我。

我应了她一声，走过去，没有回头。

# 被隐藏起来的爱

安 和

我越过重重断壁残垣,看到了阴影背后你隐藏起来的蜷缩着的爱。

爸爸,父亲。这两个意义一样简单的名词于那时的我来说是恶魔的化身。

你还记得十年前的我吗?那个时候我很瘦小,像一根发育不良的豆芽菜。邻居家有一个仅仅小我两岁的男孩儿,比我个儿小,可是打架却很厉害。每次和他玩的时候,我都会被他揪着头发欺负,在一起堆沙子建城堡也时常被他用一把细碎的沙子撒在头上。当我被欺负得像个乞讨的妇人身边紧跟着的怯懦的孩子一样跑进自以为能为我遮风挡雨的家里躲起来,仰着头向你哭诉时,两条脏脏的泪痕挂在脸上。你看着脏污的我,嘴唇抿了抿,继而嗤笑:"你真的是我女儿吗?怎么这么没勇气,别人打了你你就打回去,一味哭哭啼啼像个娇小姐一样能有什么用?你要自己学会打败别人。"说完你转身就走出房间,没有停顿,挡住了从绿漆铁门里照射进来的阳光。逆着光,我睁大红肿的双眼,黑眼仁愣在眼睛中央,我傻傻站立在床头。

一次吃饭,我捧着碗舀饭,一不小心手颤了一下,盛了二分之一米饭的青瓷碗跌落下来,"哐当"一声脆响。你用筷子指着我说:"真是成事不足败事有余,你能干成什么事啊!"我侧着脸,死死凝视着一地碎片:"对啊,我就是故意的,怎么着!"你听了这话,顺手就抄起墙角的一根爬满蜘蛛丝的棍子,你手上的青筋因喷薄的怒气隆起得特别明显,我看着你狰狞的脸而吓得在原地打颤:"爸爸,我不敢了,不敢了,我不会再顶嘴,你别打我啊。"可是来不及了,你的棍子就要落下了,在我闭上眼睛的最后一秒妈妈推开了你……

你这么绝情,真的是我的亲生父亲么?

童年的三天一大打,两天一小打,以及天天都在耳边萦绕不去的骂声,是我磨灭不了的记忆,我觉得你再讨厌不过了。

你是一个极度节省的人。结婚的时候,你搭着喷着气的三轮摩托来接我妈,然后气喘吁吁地对你的妻子说:"你搭着三轮摩托去我家,我去骑那架凤凰单车。"妈妈一直对这件事耿耿于怀,她说你怎么这么抠门,结婚一生才一次。听着妈妈充满怨气的声音,我低低地笑了。

没错,你真是一个抠门儿的男人。跟你拿钱去买文具或者是图书,总是要经过一番仔细的询问,然后你才恨恨地从黑色的皮夹里掏出几元钱,甩到我面前:"你怎么要这么多钱,以前我读书的时候一支圆珠笔芯就能用上一年。你知不知道赚钱的辛苦?一点都不知道为父母着想。"

我斜睨着你,不屑地说:"你那个时候是什么年代,一支笔用一年,也只有你这种神经病才会这样的。"

你气得手哆嗦:"我……我……不管什么年代,赚几元钱容易么?你……"

我看着你涨红的脸以及即将爆发的情绪,像兔子一样灵活地转身就跑。

妈妈说,我刚出生的时候是皱巴巴的皮肤,红彤彤的尖脸,真的很丑。你轻轻瞥了一眼,没有说什么。她知道你是想要男孩子的。"安和,你记得要争气点儿,像一个男孩子一样为这个家争点光。"

我轻轻地"嗯"了一下。你真的是从我出生到现在都讨厌我么?就因为我是女孩子,而你从小的观念是只有男孩儿才能做大事光宗耀祖。

下午的太阳像一个不懂事的孩子肆意散发着他身上炙人的热量,我和你一同去眼镜店里测视力。我大踏步地跑下楼梯,蹦蹦跳跳把银白色点缀有绯红色樱花的新自行车牢牢握在手中,然后用尖尖的下巴画出一个漂亮的弧度,带着些微得意的语气对刚下楼的你说道:"喂!先到先得,这新自行车归我了啊,你就骑那旧的。"旧单车被随便地放在阁楼的一角,已经破烂不堪,每每骑上去总会发出"咯吱——咯吱——"的响声。我捕捉到你小弧度地摇了摇头,眼睛里忽闪过一种我看不懂的情绪。你转身走进阁楼里,我注意到你脚步有些不稳。当你推出阁楼里停置的旧单车走出来时,我不屑地瞟了你一眼:完全无美感的头发,像蓬草一样纠结地堆在头上;搭配不当的衣着,上身穿着衬衣,下身套着休闲裤,脱皮的鞋子,还有一些黑色的秽物黏在鞋的一侧。你踩着旧车,我在你背后看见你佝偻着身子,突然就觉得你老了好多。

　　"安和,安和!"我回过神来,你皱着眉头看着我,一脸责备,"骑车你走什么神!到我旁边来!"我应了下,骑到马路的最右侧。你在我左侧,一直护着我。我突然就觉得我好像一直都做错了。我偷偷看你老去的容颜,你真的不再年轻了。我记得之前看过你年轻的照片,你在山顶倚着栏杆,戴着墨镜,意气风发,你是当得起"帅气"这个词的。可我们为什么总也不能好好地说说话呢?

　　晚上,你把一桌好菜摆在我面前,你的筷子从来没有伸向最好的菜，你对我说多吃点儿。我的喉咙被哽住了，捧起碗遮住脸低低地"嗯"了一声。后来我从房间里出来透气却看见你在厨房里吃剩菜，我愈发觉得自己太过分。你开始塞钱给我，说别亏待自己，吃好点儿，买些好衣服。我看着你的旧衬衫，什么也没说。

后来我问妈妈："爸爸经常那么抠门那么别扭，你想过离婚吗？"她瞪了我一眼："瞎说什么呢！那是你爸！"我笑了一下："随口说说嘛。"妈妈顿了顿："你爸其实一直都挺好的，人老实，也顾家。他想把你当儿子养大呢，虽然方式可能不对，但毕竟是你爸，他为你好。晚修你想让他接你，他说不去，让你自己回来，可你不知道，他其实在你后头护着你呢。他不让我告诉你，我取笑他干吗不让女儿知道，他说没必要。你每次从学校回来他都可开心了，让我去菜市场买好吃的。你爸这人就是嘴硬，其实一直都对你很好。他就你一个女儿，对你期望可高了……"

我很庆幸，我知道了你一直爱着我，爸爸。

前段时间看到白先勇的文章，里面写到："我一向相信人定胜天，常常逆数而行，然而人力毕竟不敌天命，人生大限，无人能破。"面对生死我们都如此无助。爸爸你别走太快，我也把步子缓下来，我们并肩走，我一回头，就可以看到你的脸。

春日的太阳斜斜地把光芒射进小小的窗子里，蔓延了整张桌子，白白的云儿缓缓流过蔚蓝色的画布，我不经意间低头，便看见了教学楼下不知名的大树开花了。

我对它的记忆，停留在冬日掉下来的果子腐烂在地上，散发出的恶臭让我避之不及，可今天却发现它已经褪去了昨日的记忆，看见它抽出嫩绿微带芽黄的新枝。才发现那些对你的误解，日夜更迭草长莺飞，早已散落在时光的罅隙中了。

"安和，快吃饭了。"你隔着房门对我说。

"知道啦！"我大声应道，幸福地笑了笑。

# 这个世界没什么可怕

## 不动声色

### 1

李健的嗓音总是这样低沉温情,听着他的歌好像世界都是干净的。

你很喜欢他的歌,一曲《当你老了》,让你在电视机前哭个不停。那个时候的你比我更像个孩子。

从可以用文字记录开始,我就想写写你。刚开始文笔生疏,总找不到合适的文字去形容你,后来写文渐渐行云流水,却没有时间去写你了,青春的话题太多,我竟就真的忘了你。

## 2

印象里,你从没有穿过平底鞋,连家里的拖鞋都是厚底的,用你的话说,你喜欢高高在上的感觉。这点我确实没有遗传到,于是你就逮着我日夜操练,你说你的女儿居然不会穿高跟鞋,说出去太丢人。

印象里,你总是对自己十分苛刻,偶尔的肥胖和痘痘都会让你抓狂。只要你抓狂,家里面就只有白菜、白菜还是白菜。我常在想也许就是这样的苛刻,才成就了岁月下依旧风情万种的你。你对我的要求也是高得不近人情,我高三长胖了十斤,于是,高考后的那个暑假我过上了我这辈子都不再想要的生活。

印象里,你总是笑脸迎人,家里面再怎么样,你只要出去一定就是光鲜亮丽的,外公去世那次也不例外。许是被你宠惯了,我没有你的淡然,不顺心的事,总是要发很大的脾气,人前人后都一样。别人向你笑着抱怨你女儿脾气不好的时候,你总是说,她脾气不好,你不要惹她啊!语气一贯地任性。可我知道你不高兴,从那以后我总是尽量收敛,尽量不要让你为难。你总是这样,不声不响,却可以轻而易举地改变我。

现在的我,可以把高跟鞋穿得脚底生风,可以穿各种风格的衣服,待人接物都像极了你。而这一切都是你给的。

## 3

家里面不止我一个孩子，但你对我无疑是偏心的。用你的话说，你是个生意人，你喜欢一本万利的生意，你教我，我教弟弟，你要省事得多。老天是优待你的，这样离谱的事，都会如你所愿，弟弟懂得很多道理，确实是我教的。说到这，我还有点儿小骄傲。

上了大学，我们相处的时间很少，连一起坐下来吃个饭都是奢侈。你大大咧咧惯了，没有时间陪我，你也很少有愧疚感。但是同学来家里玩，你还是会提前回来做饭给他们吃，虽然你明知道自己做饭不好吃。

这点，是我一直纳闷儿的，身为一个女人居然不会做饭，家里面一直都是爸爸做饭的，你一个月也就做一次。我每次取笑着安慰你，没关系，我就当我每次来例假好了！不会嫌弃你的。然后，看着你越来越黑的脸，我笑得没心没肺。

我的性子，是不安分的，这点像极了你。大学没上多久，就想创业，跟你说了，你说只要不影响学业，都随我。那个时候微商正火，我向你预支了生活费做起了护肤品，由于没什么经验，也没有什么方法，这一次创业无疾而终。那几天我受了打击，你打电话过来，说我就知道会这样，我记得当时我还气呼呼地问你，为什么你知道还不帮我。你倒是愣了,过了会儿,叹了口气说:"我的女儿怎么可能不优秀,你还年轻,失败了又怎么样,与其我一开始帮你,不如让你实实在在跌一回。"

后来,做什么,都知道了三思而后行。

我们之间的相处,总是习惯细水长流,偶尔的针锋相对,其实也是无伤大雅。你总说我们有缘分。

我也总是笑着打趣你,佛说,前世五百次回眸,才换了今生一次擦肩而过,我们两个这交情,上辈子肯定什么也没干,光回头了。

4

后来,我没来得及长大,你就不愿意等我了。

想想自己那时候也是傻,你的病早在一开始的时候就有了端倪,可是我却全然不知。竟然天真地以为你的高烧不退只是感冒,天真地以为你莫名其妙地头晕只是简单的贫血,天真地以为你眉头紧锁、脸色苍白地躺在床上只是因为你不开心。天真地把你一切的苦难都当成云淡风轻。

直到最后,你捂着胸口晕倒在家。

在医院等化验结果的时候,你比我还紧张,明艳的脸上满是局促。

你不停地问我,怎么办,怎么办。

怎么办?其实我也不知道,但相对于你的不安,我更多的是面无表情，潜意识里觉得，你不会有事？

祸害遗千年，没有收拾完我，你怎么可能有事。

医生叫家属去谈话的时候，你拉着我的手，说了句，你陪我。

结果出来后我们都没有说话，一起回了家，一起吃了面，好像什么事都没有。

可我知道，我们的生活不会再有艳阳天了！

## 5

三个月的治疗。

漫天的药水味，你不再苗条的身材（激素作用导致肥胖），还有你越发苍白的脸，成了我们生活的主色调。

可是即便如此，三个月后的复查结果还是让人绝望。

医生问你，是切除还是保守治疗。

你没有问过任何人，包括我，自己决定了一切。你说，你选保守治疗，不想切除，你说你即便离开了，也希望是高傲的。

我不知道怎么办。好想冲你吼，你怎么可以这么任性，你有没有想过我们，我们要怎么办。可是我什么也没有说，我甚至无法开口，很多话哽在喉咙里，堵得心疼。

长这么大，第一次意识到可能会失去你，这让我无所适从。

## 6

你生日那天,我带你去KTV给你唱李健的《今天是你的生日,妈妈》。

今天是你的生日
妈妈我很爱你
长了这么大
第一次说给你听
……

我想说的是,哪怕整个世界兵荒马乱,我还在,你有什么可怕的呢!

## 结　语

如果有一天,妈妈不在了,你会怎么办?
现在科技这么发达,你能不能希望点好的?
那万一呢?
我会漂亮地活着,照顾好弟弟和这个家,你以前操心的事,以后让我来。

# 我的老小孩儿

不 二

老高很帅，年轻的时候留着中分的发型，穿上一条发白的骄傲牛仔裤和一件洗得发黄的衬衫，分分钟能甩掉两条街的人，跟那些明星有得一拼。这段辉煌往事是我妈给我们讲的，有一次老高和她上街，两人聊得正欢，突然跑过来一个大妈，说了一句："你是不是演那部啥电视剧里的谁谁谁，我可喜欢你了，能给我签个名吗？"我妈在一旁就蒙了，连忙说他不是就把老高拉开了。所以我总觉得老高是生不逢时，没有被星探发现，不然现在一定会是中国演艺界一枚老星星。不过，如果是那样，也许就不会有我了。

老高除了人长得帅其实学历并不高。我爷爷那一代很穷，所以老高小时候吃过很多的苦，兄弟姐妹六个人挤在一间村委会资助的小破屋里，屋顶常年漏水。有时候睡到半夜就会感觉一阵阵的潮湿往身上漫延，补了再漏，漏了再补；四面墙壁总是会掉一些碎屑，有种随时会塌了的感觉。饿得实在不行的时候还吃过树皮。老高在那样的环境里生活了十多年，爷爷拉扯着让他读完小学，这期间爷爷还把他十六岁的儿子也就是我的二伯送人了。

老高十九岁的时候就出去外面打工了。那个时候跟着一个老工人学打铁，在大太阳下替别人打那种用来建房子的铁，一个月只有几十块钱。工地供饭，老高就把钱一半寄回家一半留下来当老婆本。老高人长得高大干事也利索，有一次老板给他加工钱了，他很高兴，就去外面店铺吃了一顿，那是他这辈子吃得最香的一顿饭了，因为他遇见了我妈，饭店老板的女儿。老高一眼就看上了这个温柔漂亮的女孩儿，那个女孩儿也喜欢上了这个清秀壮硕的男孩儿。

从那以后老高更拼命了。我妈也经常往工地跑，有时候给他送点儿好吃的，有时候就在旁边看他工作给他擦擦汗。老高让我妈等他，等他攒够了老婆本就娶她。她就这样等了他一千多个日子，等他存老婆本的盒子一点点满起来，等他从工人渐渐升为小工头。后来老高就把我妈带回家了，爷爷给他们简略地办了个婚礼。然后就有了我姐，有了我。老高还是一如既往地在工地工作，有时候一个月回来一次，有时候两三个月。他说不想让我妈受苦，他要好好赚钱。

我妈说在我出生的前一个星期给老高写了信，可是信在两个星期后老高才收到，所以在他匆匆赶回家的时候看到我妈正抱着我坐在床上。他蒙了，一个劲儿地跟我妈说对不起没能准时回家，然后抱着我说要加倍疼我。

老高真的很疼我。从我记事起老高每次回家都给我带好多好吃的，有一次回家他买了个影碟机回来，那时候我看着我姐她们激动的心情还不知道发生了什么事。在老高把一盒盒的动画片放进去然后电视出现画面的时候，我抱着老高的大腿一直笑。我还记得老高那时的笑容，黝黑的脸上绽放出来的笑容，像是五月的太阳，又像是彩虹色的棒棒糖，总之，是我见过最迷人的笑。

记忆中老高从没有打过我。有好几次我把他激怒了，他抄起木棍就要来打我，我就跑，上巷跑下巷，他没有一次追得上我，其实我知道，他不是追不上。老高从小就教育我作为一个女生要贤淑要温柔成绩要好，因为他自己文化程度不高，所以咬定了学习好才会有出路，从小就把我练成了一个以学习为中心以他的控制为半轴绕成的一个圆。其实我挺感谢老高的，因为我现在很多好习惯都是他那时候给我养成的。但是温柔贤淑这种事情在我身上不可能发生，像我这种三天两头就下河抓虾的人，根本做不到。后来老高就放弃了，因为他觉得应该给我自由。其实理由是每次他教育我的时候我都会跑到我妈面前哭说爸爸是个坏人，再也不喜欢他了。

升初中的时候我考了全校第一，那是我见过他最开心的一次。他摸摸我的头说我是他的骄傲。为了成为他的骄傲，小升初的时候我使出了最大的劲儿才考出了这么一个分数，因为我喜欢老高说我是他的骄傲的时候的样子，仿佛我就是他眼里的全世界。

　　初二的时候，我开始从一米四多的小矮子"噌噌噌"地长到了一米六多，和老高只差半个头的距离，我跟老高变得没那么亲密了。我把更多的时间用来学习，有时候他回来我也只是打一下招呼就跑到楼上学习了，这种陌生感是什么时候开始滋生的呢，我不知道。只知道它长得特别快，像抬起头突然就发现天已经很黑了，而你不知道它是什么时候开始黑的。我跟老高之间变得没有话题可聊了。

　　有一次考试我退步了很多，回到家的时候垂头丧气，而老高此时正因为发现我房间太乱在谴责我。一瞬间我也不知道怎么了，像是积聚了很久的情绪同时爆发了出来，压力，烦闷，恐惧，无奈，我朝着老高吼："对，我做什么都是不对的，做什么都要被你说，从小你就限制我，限制我什么都不能做，让我按你的想法来做。凭什么啊？我烦，我烦死这种生活了！"然后我就看到老高的眼神一点点地暗淡下去最后变成深不见底的失望，带着一点点的湿润。我不能再往下了，不然我就会在他面前哭，我不能哭，我跑回了房间。

　　我在床上躺了几个小时，刚刚愤怒的情绪也一点点消失，我觉得自己做得有点儿过了，但是我拉不下面子去道歉。觉得肚子有点儿饿了，于是我下了楼，楼下没有开灯，阳台上站着个身影，隐约发出一点儿橘红色的光，是老高，他在抽烟。他已经很久没抽烟了，自从上次被检查出肺不好之后我跟我妈就严厉禁止他抽烟了。小时候也是这样，我犯错的时候他就一言不发地抽着烟，失望地看着我，然后我就乖乖地认错了。我好久没有仔细观察过老高了。他瘦了，挺直的腰有了一点儿弧度，甚至笑的时候脸上会有好多的鱼尾纹，时光也不知道在什么时候往他乌黑的头发里掺进了几根银丝。我长大了，老高老了。我学会了惹他生气，学会了理所当然地无视他，学会在各种时候与他作对，学会了伤害他。对不起老高，我错了。我跑过去抱住了老高。他还是跟以前一样摸着我的头，手的力度没有变，还是一样的温热，只是粗糙了些。老高哭了，我第一次看见他哭，就算是爷爷去世的时候我看着他三天没合眼，眼睛里布满血丝却还是没有掉下一滴眼泪。老高一定是爱我的，很爱很爱。

　　我做了一个梦，梦中老高把我扛在他的肩上，带着我去了糖铺。糖铺的阿姨笑着跟我说你爸真疼你，每次都带你来买糖。我笑了，笑得很开心，然后轻轻在老高的脸颊上亲了一下。老高的胡楂刺到了我的脸，他嘿嘿地笑着……

# 外婆带大的孩子最容易想家

刘 炜

外婆最近从老家来到城里,一直住在姨母家。过了好多天我才知道这事,我问妈妈外婆怎么也不给我们个消息,妈妈说她怕影响你学习——我想想,这倒真像是外婆说的话。

去年春节,两鬓花白的外婆还染了头发——烂大街的暗黄色,小卷卷,稀稀疏疏,带着点枯。

现在的我已经高她两头,从前她用手指点着我脑门训我的日子算是一去不复返了,甚至现在的我已经成了她教育表妹时惯常使用的正面教材。

外婆是新中国成立那一年出生的,名字起得十分大家闺秀——大约叫慧珍或是惠珍。她十分讨厌电视剧里那些粗俗的女人,常对她们评头论足,可她自己讲起话来也难说文雅。也许是因为我的瘦弱,小的时候她便给我起了个绰号，叫"大猴子"，这样我底下的弟弟妹妹便可以一顺排叫下去——"二猴子""小猴子"。但这名字实在难听，我就不许她在人前这样叫我，她嫌我凶，改叫我"凶狗"，声音更大，让人无语。

其实外婆是个内心很柔软的人。她常常和我头挨着头睡觉，我说我怕强盗，抢了钱还打人。她就很耐心地安慰着我，帮我掖掖被子，说："外婆在呢，没事。"我凑得近一些，鼻子里就钻满了她身上特有的廉价化妆品的味道。我问她："你不怕坏人？"外婆一听这话，显得特别开心，说道："我？我什么都不怕，鬼都不怕。"隔一会儿又很伤心地说："我唯一害怕的就是黄鼠狼。"然后就不厌其烦地讲起黄鼠狼的事。这样听着听着，我便睡着了。

我母亲似乎有很严重的洁癖，每天没事时就拖地擦桌子颠来倒去地做，一边做一边数落我不爱清洁。只有在外婆来的时候她才会闲下来。我这才明白母亲的洁癖完全都是从她那里遗传过来的——不但每天拖地百八十遍，快把地板磨出窟窿，连几年没穿的干净衣服也会拿出来重新洗涤，结果我的衣服却不知道和什么混在一起洗而染上了旁的颜色。更多的时候她就包我喜欢吃的水饺，一直包到冰箱里冷冻箱、冷藏箱都塞满了她的作品。她常说，孙子孙女这一辈，她最喜欢的只我一个。即使这话说了已近二十年，我的耳朵都快听出了老茧，但每一遍，仍像初春的第一缕风,吹得满山花开,吹得我热泪盈眶。然而,我若是她,必不会这么快乐。

外婆十九岁嫁给外公,第一个儿子因她年轻不善照料而夭折。后来又生了三个儿女。她一辈子都在帮着外公打理生意。到了本该享受天伦之乐的晚年,外公却患了脑梗,去年舅舅家又出了很大的变故——她的生活就像是一盘散沙。

可能是管教不严,我的表妹骄纵得很。今年暑假来我家,因着一些小事和外婆闹脾气。她才十二岁,出语却没轻没重。我一时气不过,用很重的话骂了她。那时是夜里十二点左右,爸爸妈妈出门还没回来,空调的声音几乎是这个房间全部的声响。没有开灯,表妹倚在床上赌气,偶尔重重地吸一吸鼻子,我骂着骂着竟哭了出来。房间里还有另一个人也在小声地啜泣,那是外婆压抑着的哭声,细细弱弱,在这静静的黑夜里像一弯明晃晃的刀划在我的心上。

我已经十七岁,已不怕强盗,黄鼠狼的故事早已听得发腻,她也不再叫我"凶狗",只是在线穿不进针鼻的时候会轻轻叫我一声"丫头"。

六十六岁的她依然每天过得很劳苦。我强烈地想要保护她,像她曾经保护我那样。

# 这些都是你给我的爱

麦田田

最近常常想起那些幸福的小日子,不得不承认,我其实很害怕2016年的到来。我超喜欢下雨天躲在被窝里听老人讲过去的事情,听着电风扇吹的声音就觉得好有安全感。

1

更完文时,想喝红茶打不开盖子就走到我弟的卧室让他开。前几天也是,想喝东西打不开就跑下楼让我妈开。突然想起我闺密每次都会气呼呼边帮我开矿泉水边对我说:"你是学不会自己开呀,要是我以后不在怎么办?"我就回答道:"我身边只有你。"后来有一次她在生别人的气,我刚好碰上枪口,被骂得狗血淋头。我默默地把手给她看，她看到我的手掌皮比别人少了一层，我就跟她说："你对于我来说就是我手上的那层皮。"我文艺了一把后，她就不生气了。说实话，不到打不开盖子，我是不会去让别人开的，我干过最蠢的事是在跑马拉松的路上让路人替我开盖子。

2

我高一喜欢的那个男孩现在在体校，我们之间基本没对话，只有他的那两句，第一句话是"借我东西"，第二句是"你看什么书"。高一喜欢我的那个男孩现在去参军了，和我也没有对话，永远只有他开头的那句"×××"(我的名字)。然后很惊奇的是这两位是一对好"基友"。这对"基友"，一个是在操场盯着我看了一会儿的我喜欢的那个男生，另一个是在我熬夜写作业时宿舍楼下喊我名字的那个男孩儿。只需要那几个片段就支撑我度过了整个高中。

3

我记得有一年，我跟我阿哥说，我有样东西要送给他，他激动得很，结果我给了他我最喜欢的飞轮海磁带。他顿时泪流……

学校有个光盘行动,就是把饭都吃光的活动,阿哥为了我硬生生地吃完了所有的饭。最后我拍照获得了活动二等奖。

又有一次和闺密大半夜出去看电影结果回不来,阿哥骑着小电动车把我载回去。经过隧道时,风很大,我听不见他对我讲的大部分话,但是就觉得温暖,因为他说,下次不要这么晚出来看电影。和阿哥认识很多年,熟到互相开玩笑,互相打闹。他是我的王小贱,说的话常常戳到我痛点,但又经常莫名让我感动。我的愿望很简单,就是希望他早日结婚。

4

今年我对学长说:"给我拍湘江。"学长问:"为什么?"我没告诉学长,因为我爱的作家在那里长眠。他有个好听的名字,听到他的名字就会感觉到轻风拂过脸颊的温柔。他叫南康白起,我想去看他。接着学长背了六桶奶粉以及各色化妆品,忙于跟各种婆婆妈妈斗智斗勇,之后冲去湘江给我拍照,满足了我这个文艺女青年的愿望。

某天突然知道那个停更很久的作家其实并没有在汶川地震中离去,激动了一把。

## 5

心理老师说:"你们在什么区?"我们回答:"宿舍C区。"老师脸色铁青地说:"什么C区啊,我是问你们的年龄现在处在什么区域。"我们还是没懂。老师缓了口气说:"那你们说个年龄,我帮你们界定。"某同学回答:"22。"心理老师说:"那是青年期。青年期还有早期,中期,晚期。"我们听了哈哈笑,年轻的心理老师害羞地脸红起来说:"再笑,再笑你们都是青年晚期了。""呜呜,晚期,好可怕。"

有段时间,轻度抑郁,心理老师经常让我去蹭她的课。

## 6

我跟一个小学弟说,我喜欢你就跟喜欢小学妹一样,你懂吗?隔天,小学弟就再也没理过我。某天下午回家坐车时,看着旁边那个在胳膊上刺青嘴里咬着烟性别模糊的女孩儿,顿时觉得年轻真好,想不爱就不爱,想疯狂就疯狂。圣诞节,弟弟还在外面派送礼物冻得说不出话,大概是通过圣诞节来表达心意吧。

越是和人相处久了,越是容易依赖一个人。可后来才发现人只能先暖自己,才能暖别人。我很开心在圣诞节买了手套后,仍然有人问我需不需要手套;很开心在我有了棉拖后,又有人寄了棉拖过来。但我一直明白,安全感是自己给自己的,任何人给不了,即使是喜欢的人。失恋那段时间,最明显的感觉是孤独,但一切尚好,我还有自己的安全感。

## 7

大概是牙齿还没长齐,对性别模糊时,我就立志要当世界上最美的王子,然后拿着剑去杀火龙,得到那数不清的黄金。结果一觉醒来,爸妈就离婚了。我是欺负我弟长大的,也并没有梦中那般勇敢拿起剑去对抗恶势力。单亲家庭里的孩子缺爱,但是在我最青春年少的时候,周围的人把他们所能给我的爱都给我了,虽然因为一些原因,他们可能先一步就离开了,但是因为他们,我想做一个温暖的人。

很喜欢《追风筝的人》中的那句——"For you thousand times over"(为你,千千万万遍)。共勉。

*湛蓝色的似水年华*

# 没有风花雪月的青春更像青春

杜克拉草

1

电话被挂断。

苏草草连只在宿舍穿的短裤都没换,头发没梳,拿上早已准备好的现金,双脚直接套上拖鞋就跑了出去。

要知道,此时是早春的早上,即使今天是周六,还是有很多好学生留校的,可苏草草还是这么没形象不怕冷地出去了。

没错,苏草草要去见一个快递员。她在网上订的《我亦飘零久》经过四天漫长的等待,刚刚已经到校门口了!一手交钱一手交货,只要把钱给快递大叔那本书就归她了。

苏草草哼着歌趿着拖鞋穿着小短裤从宿舍一路飞奔到校门口,她第一次觉得原来快递大叔还是很帅的。

可是,事情往往没有想象中的顺利。

正当苏草草拿着书摸来摸去责怪大叔怎么可以把书丢在地上的时候,大叔突然冒了一句:"姑凉(娘),钱怎么不够?还差两元五毛。"

苏草草一听这话就暴跳起来:"怎么可能?这本书不是二十二元五毛吗?我明明拿了三十元下来的怎么可能还不够!"

快递大叔操着一口不标准的普通话一脸无辜:"姑凉(娘)你别急啊!你只给了我二十元而已啊,素不素(是不是)丢在路上了?"

虽说苏草草对那十元钱的不翼而飞愤愤不平,但考虑到进进出出的同学太多,纵有千种情绪,更与何人发。但是,要她再跑去宿舍拿那两块五毛钱那是不可能的事!宿舍可是在六楼,六楼啊!

"嘿?一棵草,你一大清早穿这么清凉在勾搭哪个不幸的男生呢?"正当她纠结地考虑要不要对快递大叔卖点萌装点小委屈时(即使她知道自己魅力不够),肩膀被狠狠地拍了一下。不用说,准是那个从早到晚都欠揍的许常。

"姐勾搭谁也不会勾搭你的!哪儿凉快呆哪去……等等!"苏草草忽然发现了新大陆,像抓住救命稻草似的死拎着许常的衣服看。

"干吗？我叫你淑女点儿矜持点儿，苏草草，你这么粗鲁难怪肖峰看不上你！哟喂！这不是前几天肖峰随口说过的那本书么？苏草草看不出来你的速度还是可以的。"许常调侃道。

"少废话！有没有钱？给我两块五毛急用！"

"苏草草，你用得着一大早就坑我吗？"许常虽然对她的行为不是特满意，但还是把钱借给她了。

苏草草把钱给了快递大叔后，潇洒地抱着她的新书转身就走了，只给落寞的许常留下一个后脑勺。

## 2

苏草草和许常不是青梅竹马两小无猜，更不可能是英雄救美女或者是美女救英雄。他们相遇的情景似乎不是那么美好，江湖人称不打不相识。

苏草草在一班，许常在二班。两人隔着道墙，本来是井水不犯河水的，但高一第一次月考，由于学校考试一贯是按姓氏来分班考，苏草草与许常的距离忽然就从一道墙变成了五十厘米的过道。

当苏草草正手忙脚乱地做着英语试卷时，许常面对那张写满了ABCD的英语试卷手足无措，于是拿着手机偷偷地放着歌。这声音不大不小刚好落到了苏草草的耳朵里。

苏草草本来就是个极其喜欢听歌的人，对外界的干扰也极其敏感，要是平时她绝对很乐意有免费的歌来陶冶情操，但此时此刻不一样，此刻是在考试！眼看着时间不够了自己看不懂那些阅读题，旁边还有杂音扰乱自己的思绪，迫不得已苏草草用笔敲了敲许常的桌子暗示他把音量关小点儿，可许常摆着一副"我就不关你能奈我何"的嘴脸。于是苏草草不淡定了，士可杀不可辱，本着一贯"人不犯我，我不犯人，人若犯我，必死无疑"的做事风格，苏草草淡定地说了一句："老师，这里有位同学拿着手机听歌影响到我们答题了。"

学校有规定，凡是在考试期间拿出手机的一概视为作弊。

苏草草的话刚落音，全班四十位考生"唰唰唰"全把眼光集中到他们俩的身上。监考老师大步流星走到他们中间，狠狠地盯着许常说："臭小子！考完试给我个解释！"于是便拿着手机再一次大步流星地走了。

苏草草用余光瞥了瞥许常，他脸上似乎写了四个大字：你死定了！苏草草用口型说"你活该！"然后便埋头继续奋斗了。

许常觉得苏草草果然很特别，要是换了别人不是不理不睬就是忍气吞声，哪会像她那样去告状！

兴许是许常脑袋瓜子进水了，自此之后，许常便经常到隔壁班串门，还是死皮赖脸的那种！久而久之，他们就成了无话不说的铁哥们儿。

"嗯,铁哥们儿。"苏草草说。

3

苏草草喜欢肖峰。

这件事只有许常一个人知道,也只能让许常一个人知道。

苏草草觉得这件事应该是个少女内心深处的秘密,但可惜她是个有秘密憋着不说难受的人,女生又太八卦靠不住,所以她把目标转向了许常——苏草草勒着许常脖子说:"许常,此事天知地知你知我知,你要敢把这件事传出去老娘就让你见不到明天的太阳!快发誓,发毒誓!"大有许常不发毒誓就先勒死许常的趋势。

在苏草草的威逼没有利诱之下,许常哆哆嗦嗦地发了誓。

肖峰成绩中等偏上,人长得干干净净的,笑起来有甜甜的酒窝,个子也很高,是苏草草在这个学校觉得能带得出去见人的少数男生之一。

最重要的是,肖峰是苏草草班的!苏草草一直相信近水楼台先得月!

苏草草是个盲目的人,起码在追男生这方面是。

她跟所有的女生都一样,走"默默偶然"路线。

听说肖峰每天早上六点半会到饭堂吃早餐,苏草草就六点半到饭堂排队然后假装偶遇说"好巧"。

听说肖峰每天下午都会去阅览室看书,苏草草放学第一个冲到阅览室占位置。

前几天肖峰说他想看独木舟的《我亦飘零久》,于是苏草草在第一时间买回来了。

许常说:"苏草草你一定是脖子往上都瘫痪了——脑残!"

苏草草说:"许常,你个二货是永远都不会懂的!"

苏草草,你也是个二货,永远都不懂我。许常的眼光忽然黯淡了下来。

## 4

苏草草为了与肖峰有共同话题,她以最快的速度将《我亦飘零久》看完,然后借给肖峰。噢不,如果肖峰喜欢,苏草草是打算送给他的。

"嗨!肖峰,听说你也喜欢看这本书,如果要的话我可以送你。"苏草草尽量让自己看起来自然一点儿。

"谢谢啦!刚好我女朋友说她挺想看的……"肖峰话一出,苏草草就呆了。

他说,我——女——朋——友。

苏草草千打听万打听,居然忘了打听人家有没有女朋友！

　　苏草草忽然觉得她就是脑残了才没有想到：那么好的一棵葱自己想要其他人肯定也是虎视眈眈了。

　　人家都有名花了，还要你这棵草干吗？还好没把情书夹在里面，这要是被人家女朋友看到自己岂不是成了……

　　于是苏草草暗恋的嫩芽还没长出来就被狠狠地掐断了。

　　她就像只被抛弃的小狗，落荒而逃。

　　"许常，你是不是早就知道肖峰有女朋友了？"苏草草一脸不满的样子。

　　"嗯啊嗯……"一向伶牙利齿的许常居然吞吞吐吐地说不出话来。

　　"太不够义气了你！知道也不早点儿告诉我，浪费我刚买的新书！二十多块啊！"

　　"苏草草你至于吗？我请你吃我最拿手的糖醋排骨行了吧？"许常一脸黑线，还以为她会伤心落泪，没想到是心疼她那二十块钱！

　　"天朗气清，惠风和畅！走，带我去吃糖醋排骨！"苏草草两手拍拍，打算用食物来补偿她刚失恋破碎的心。

5

　　高二分科之后，苏草草、许常选了理一班，肖峰选了文八班。苏草草和许常的距离变成了前后桌,和肖峰的距离变成了上下楼。这样一来,苏草草能见到肖峰的次数也就屈指可数了,更别谈有什么交集了。

很久之后,许常问过苏草草:"你当时怎么会喜欢肖峰?"

苏草草忽然哈哈大笑了起来:"你忘了我跟你说过我高考之前是不谈恋爱的。喜欢肖峰,那是因为我想体会一下暗恋的滋味,谁让我们班女生整天在宿舍里说暗恋谁谁谁!我不趁着高一去好好感受下难道你要我高三再去围着一个人转啊?"

"本来我想把情书夹在那本书里的,如果他答应了我就潇洒地甩了他,不答应的话我的暗恋就以此告终。可惜……"苏草草一脸的委屈样。

许常发誓,这绝对是他听过一个女生暗恋一个男生的最最最坑的理由!苏草草果然是苏草草,连感情都这么潦草!

"肖峰有我帅么?"

"没有。"

"名字有我的好听?"

"没有。"

"成绩有我的好吗?有我聪明吗?"

"没有。"

"我这么好你怎么不把我当成暗恋的对象?"

苏草草"扑哧"一声把刚含在口里的水喷了出来。

"如果按照剧情发展，我最后是铁定会甩了你的，要是损失了你这个免费的糖醋排骨，那你让我这个吃货高中生涯怎么办！我又不是傻子！"

苏草草你就是个不折不扣的傻子！许常在心里暗暗地想。

"苏草草，高考之后我们在一起好不好？"

"不好。"

"为什么？"

"你骗我。你跟肖峰是不是早认识了？"

"是，他是我的下铺。高一的宿舍是混合宿舍。"

"你为什么会在你老爸监考的考场上放歌？"

"因为我知道你一定会受不了，我老爸也不会没收我手机。"

"你什么时候认识我的？"

"高一足球联谊赛的时候。你们班女生全都在为肖峰喊加油，就你一个人戴着眼镜细心捡那些你们班长打碎葡萄糖罐时留下的玻璃片。"

"那个情景是不是特美然后一见钟情你就被我迷上了？"

许常忽然跑到五米开外："不是。像、个、保、姆！"

"许常你找死！你这么缺心眼儿你爸妈知道吗？！"

苏草草感觉自己被耍了。

苏草草,我不会告诉你,其实那天穿着格子衫的你很美,为别人着想的苏草草很迷人。

## 6

每个故事的结局,都会交给时间去见证。
细水长流。
你我共此一帘幽梦。
然后,没有然后。

# 湛蓝色的似水年华

黄晓晴

## 1

午后的斜阳透过落地窗折射,懒懒地躺在画架、颜料、石膏上。画室后面的墙上挂着米勒的《拾穗者》,晴朗的天,金黄的麦地,与此时柔和的阳光相得益彰。落地窗对面的那道墙,蒙娜丽莎正对着窗上星星点点的光斑微笑。

当柯希给他的画上色时,画室的门咿咿呀呀地开了——路小璐抱着一卷画纸。

柯希恍然大悟。昨天,路小璐给了他一筒绿豆饼。作为吃货的他,信手拆开红油纸,口腔顿时滋润起来,绿豆粉入口即化,那种甜丝丝的感觉包裹舌尖,咬到核心松软的绿豆沙时，犹如雨滴入湖只剩涟漪化开，吃起来必须小心翼翼，把握滴水入湖的刹那，真是回味无穷啊。

柯希正想为美食啧啧称赞，猛然想到无功不受禄，心想路小璐必有所求。

果不其然。路小璐想叫他画画。

因此，现在看着路小璐怀里的一沓画卷，柯希不由得倒抽了一口冷气。画画是不难啦，可是路小璐这个奇葩要他画帅哥，而且是动漫帅哥，什么由希佐助杀生丸黄濑凉太之类的，真叫他无语。

2

柯希对路小璐的最深印象，就是奇葩。

那天他看到路小璐对着镜子自言自语，像念咒语一样说着"脸上的火箭你快飞走吧"。柯希以为是女巫上身，后来才知道"火箭"其实是"痘痘"的意思。

还有，路小璐英语不好，却自我感觉良好。那次，英语老师问大家"hang with sb"是什么意思，路小璐说是"和某人吊在一起"。英语老师阴笑，又问"hang around with sb"怎么解释？路小璐不假思索地说："哦，应该是吊很久了吧！"说完她眉毛上扬嘴角歪笑，以为自己簇拥在鲜花掌声中……此外，每次早读课都能听到路小璐撕心裂肺的嚎叫。她读英语简直跟杀猪一样，而且不标准——像"watermelon",她只会念成"我怎么了";像"style",她怎么念都像"死雕"。有次,她读"pillow"这个单词时,第一次读作"噼里",第二次读成"啪啦",也许不确定是读"噼里"还是"啪啦",总之整个早读课三分之一的时间,柯希就听到她在那里"噼里啪啦",像在放连环炮。

还有还有,路小璐跳啦啦舞时,不是同手同脚,就是跳得像公园里大妈大爷在扭秧歌一样……

奇葩的世界,柯希真的不懂。

3

早餐后,柯希坐在教室里浮想联翩,心想午餐是吃面好呢还是吃饭好。

这时,物理老师哼着歌走进来。众人眼神复杂,议论纷纷,"物理老师刚睡醒吗?""是还没睡醒吧!"然后物理老师说自己走错教室灰溜溜地出去了。忽然,历史老师戏剧性地出现,不知行情,被众人盯得心慌慌的:"什么情况?我就迟到了几秒。"众人呵呵直笑,摇头不语,哗啦啦地拿出历史书,然后历史老师一节课讲了几百年的历史。

最后两节课真是折磨人。某某老师说话吐字极快,口音甚重,整节课柯希只听清了"……知不知道……?……

懂不懂……？"紧接着柯希在瞌睡和饥饿的交迫中又听了一节什么课,只记得老师不停地重复"春秋"和"左传"字眼,而他还在思考究竟吃面好呢还是吃饭好……

突然,路小璐传来一张纸条——"请你去美食街吃大餐要不要?"

柯希的肚子恰好饿得水深火热,这张纸条有如神兵天降,而路小璐简直就是天外飞仙。

于是铃声一响,两人就飞到校外的美食街。路小璐点了一碗牛肉砂锅粉,其中佐以豆芽、青葱、白菜、杂菇等,再洒上一瓢浓浓的辣椒油,可见热气腾腾,跃然有气蒸云梦之妙。

柯希要了一份鹅肉米粉,另有牛肉丸提鲜味。一碗上来,米粉与肉交互错杂,汤色乳白,参差葱绿点缀,宛若春雾迷蒙,湖面涟漪,翠色欲滴。一口而尽,甘鲜可口,令人回味无穷。

就在柯希美美地饱餐一顿后,路小璐终于亮剑了:"话说,我的路飞你什么时候画好?"她的眼神咄咄逼人寒气氤氲,语气像是深山老林里的黑山老妖。

柯希舔了一下嘴角的酱料,喃喃道:"明天吧。"

路小璐立马和颜悦色满面春风,眼神柔情依依……

## 4

柯希突然记起，自己和路小璐已经冷战二十八天了。

那次，当路小璐把他画的动漫帅哥装订成册高调展览后，他就有些愤愤然。此后，总有女生隔三差五地找柯希画这画那的，搞得柯希像是他们的御用画师。

柯希要回了那本画册，并不再为任何人画任何画。

除了复习考试外，柯希还要忙着艺考。他好多时间都在画室里待着，甚至把各种资料试卷都带到画室来做。他喜欢落地窗透进来的阳光，宁静，柔和，不加粉饰……

时光打马而过，毕业季的时光好像门前老槐树下的斑驳一下消失。

柯希来到画室收拾旧画。窗台上那本湛蓝色的画册，最后一页翻开着，已经落满尘埃。他信手翻开，从最后一张的赤司翻到第一张的由希，又翻回赤司，所有的线条和色彩，历历在目。他猛然记起那些有阳光的午后，安静的画室，洒满阳光的画架，闪闪发光的颜料……还有，路小璐。

每一张画就是一小段流年，拼凑成似水的年华，像风一样吹过，呼啦呼啦。回不去的过去，留不住的美好，覆水难收。

记忆像胶片在放映机里缓缓流过。看着湛蓝的画册，柯希突然想起了很多,当初那个迷恋动漫帅哥带着一脸笑容的女孩儿,原来在他的生命里占据了如此重要的位置。他刻意假装没有看到最后一页,哪怕那字迹是如此熟悉,陪伴了他的青春和年华。

柯希,我喜欢你。

## 5

画室里阳光荡漾。

路小璐拖着行李箱走进画室,感到一阵阴冷,心跳一下加速。她自嘲地笑了笑,笑自己的异想天开,因为那本画册依然安静地躺在窗台,最后一页还是翻开着。柯希连走也不愿意放好,自己在他心中又算什么呢。

是柯希叫她去画室拿回画册的。柯希早已释怀,路小璐却觉得,他再也不想为她画任何画了。她知道有一种东西叫距离,有一个人不会回来,另一个人注定站在孤寂里……

她缓缓走向窗台,只是想把它合上,为自己的三年画上一个句号。然而她呆住了,眼前那个在梦里无数次记起的字迹,此刻正在她写的那行字下面:我也是呢。

# Little Girls in The World

街 猫

## 1.在马路上踢易拉罐的女孩儿

初二那年夏天,在一个很清爽的夜晚,我独立解出了复杂的数学题,喝着可乐走在回家的路上。

耳边灌着风声、车声、树叶打架的声音,还有一个持续的"噔噔噔"类似于物体滚动的声音,由远及近。我忍不住回头看,是一个女孩子在边走路边踢易拉罐。那时我还有一副5.2的好视力,所以我一眼看出了她踢的正是我刚才随手丢掉的可乐瓶。又是"噔"的一声,瓶子滚到了我的脚边。我顺势踢了一脚。女孩儿走上来,又踢了一脚。瓶子滚动发出的清脆响声似乎让人上瘾,就像一个散发着尼古丁气味的无聊游戏,我和女孩儿一人一脚极具默契地把易拉罐踢到我家小区门口。

"你也住这里啊?"我想缘分真是奇妙。

女孩儿扯起嘴角笑了一下,说:"我家在长寿路,是你把瓶子踢到了这边。"

天啊。

出于内疚我陪着女孩儿把易拉罐踢到了她家门口,最后一脚,她踢得老高,在空中划过一条饱满的弧,消失在我们的视野。女孩儿说,你的鞋子真漂亮,踢这种瓶子很带劲。我居然从她的眼睛看出一点点对我的不舍,也许是错觉。

后来我再也没有见过易拉罐女孩儿了。但有时候我会出现幻听,当我漫无目地走在街上,会听到易拉罐在马路上滚动的声音。那个声音,穿过我身后所有嘈杂的讨价还价和欲拒还迎,以一道优美的抛物线准确无误地落在我左耳膜上。

我闭上眼睛陷入惶恐,脑海里闪过一百条公式,真的不知道如何求出抛物线的最高点和对称轴。

## 2. 光头小姐

我初中的一个朋友,因为月考退步了五十名,去发廊剃了个光头,惊呆了所有小伙伴。她却笑嘻嘻地问我们,新买的帽子酷不酷?

我不由自主开始崇拜她,因为她做了我们所有女生只敢想想的事情。更神奇的是,在她剃光头那段时间,她喜欢的男生向她表白,展开攻势,热烈追求,很快有情人终成眷属。光头小姐马不停蹄过上了炫酷的美好生活,羡煞一箩筐拿着指甲夹剪头发分叉的姑娘。

在恋爱的时候,光头小姐走起路来一蹦一跳,嘴里哼着找不着调的曲儿,很可能是她自编的。她摇头晃脑,把自己想象成小龙女在空中起舞——可惜她没有一头柔顺长发——我猜她早已忘了这个。

不过,旧的不去,新的不来。光头小姐很快长出一头俏皮短发,随之而来的,还有她拔节提高的成绩,越来越甜美的笑容。照这样发展,我们该得出定论:获得幸福的捷径就是剃光头。而现实是,大部分女生还在绞尽脑汁经营一头乌黑滑亮的长发,对了,还有或弯曲或平得一丝不苟的刘海儿。所以剧情急速反转,男生对光头小姐说:"你很好,很美,可惜我不能陪你到最后,我还有更远大的追求。"嗯,邻校那个会跳热舞的校花的确是更远的追求。

光头小姐这次比月考退步还要崩溃,我们都担心她这样哭下去会把眼睛哭瞎,她却在隔日差点把我们的狗眼亮瞎——她又剪了个光头!

我听到有些人在背后说光头小姐变态,而我除了默默在他们脚边扔一根香蕉皮也做不了什么。这些年来,光头小姐在不停地剪光头，我怀疑她是否只是为了让"光头小姐"这个称号名副其实。

我们在不同的高中联系稀少，渐渐跌出彼此的生活。我偶尔从别人嘴里得出她的近况，更偶尔的时候，她来到我家楼下，大声把我从午睡中喊醒。我们回到初中母校一圈一圈逛操场，聊着最荡气回肠的天儿。以前的很多同学都在以光速蜕变，享受着长大的福利的同时消耗着余额不足的天真，但光头小姐一如既往那么倔强、冲动、煽情、无药可救的偏执。我多么遗憾，在你公开抗议老师的时候，在你得不到第一名而把水杯砸碎的时候，在你为了一个男生彻夜不睡的时候，在你一次又一次把头发剪掉的时候，我有着最完美的不在场证明。

真怕等光头小姐长发及腰之时，翩翩少年都已大腹便便，却又在每个与她短暂相逢的时刻提醒自己：喜欢一双鞋就是早出晚归把它穿烂，爱一个人就是不声不响陪她喝酒。

### 3.不想用手机的女孩

在奶茶店里听到一段对话：
男孩儿问："你为什么关机？我都找不到你了。"
女孩儿说："我不想用手机了。"
男孩儿："为什么不用手机？那我怎么联系你？"

女孩儿:"为什么一定要联系我?"

男孩儿:"因为……大家不都是这样的嘛,我们都需要联系彼此的啊。"

女孩儿:"放学你不用特意等我一起走。"

男孩儿:"你怎么了?"

女孩儿:"我非常讨厌那种刻意。"

男孩儿:"那你到底喜欢什么?"

女孩儿:"我喜欢做个酷酷的少女,专注沉默没有朋友,没有恋人,十分孤独,非常幸福。"

我吸了一大口黑加仑果汁,心想这女的真够作的。又好像开始明白,有些人非常喜欢他们的朋友,但在心底,他们最喜欢的,还是他们的孤独。

## 4.素食主义者

吖黎是我认识的唯一一个素食主义者。她常常在第三节课的十五分钟课间静静地吃完一盒蔬果沙拉,我总能听到她咬断青蔬的咔咔的脆响。我承认我是故意接近她的,实在很好奇一个没有肉的世界是怎样的。所以我假装听肖邦的钢琴曲,看村上春树的小说,吃没有肉味的面粉丸。终于我们成为了朋友,很普通的那种,离拍屁股睡大腿还有一大段距离。

我的想象力未免太丰富,吖黎不过是不吃肉而已,照样会臭美，也会因为不够钱买一条漂亮裙子而心力交瘁，同样被数理化折磨得眼袋发黑，而且不信仰任何宗教。

她生日那晚，我抱了一大束风信子去她的单人宿舍。她显然很意外，湿漉漉的头发还在滴着水，不知所措地请我坐下，走进厕所里换衣服。突然间房间里漆黑一片，厕所里传来她的尖叫，我赶紧划开手机走进去，灯光就在我踏进厕所的那一刹那恢复了正常，呈现在我眼前的这一画面让我毛骨悚然——整个厕所的天花板、窗户、墙壁贴满了海报，黑白海报，恐怖海报。有一只手从一个身体挖出一颗血淋淋的心脏的，有面如死灰的肖像的，有堆积在一起的骷髅头的。

在惨白的灯光下，她的表情像被人发现偷吃了肉一样复杂，关键是，我没法忽视她头顶那根从天花板吊下来的舌头。

她说："你是第一个走进我厕所的人。"

我已经绝望地准备和她一起说出那句"所以我必须杀了你"。

但我听到的却是："欢迎来到我的世界，我终于成年啦！"

## 5.买刮刮乐的女孩儿

和阿宝的认识始于我帮姑妈看店，她来买刮刮乐。

她狡黠地问我:"你猜我会不会中?"

"会。"

"我赌不会。"

结果呢,她没刮中,但我输了。于是只好请她再刮一张。

她又问我:"这次会不会中?"

我猜不会。

我猜既不会中,也不会不中。

如她所言,只赚回了两块钱本。我从没见过谁玩刮刮乐像她这么着迷,好像真的有二十万等着她去拿。刮到第五张,她终于中了十块钱。她跑去对面麦当劳买了两个甜筒,像是中了二十万那样欢呼雀跃。

她嘴角有颗褐色的痣,她是个冰雪聪明的女孩,只是懒得计算生活的得失和未来的筹码,因而显得没心没肺。只有三件事能让她感到忧郁:洗澡、洗头、洗衣服。所以当我看到她更新的微博动态:一下雨就抑郁,一抑郁就暴食,一暴食就没钱,一没钱就买刮刮乐,再也感觉不到装的快乐。我马上打了个电话给她,连刮刮乐都不能解决的问题,看来是真的有问题了。

我们聊到自由,聊到诗歌,她居然以为"黑夜给了我黑色的眼睛,我却用它来寻找光明"这句话是海子说的。再善良如我,也忍不住纠正她。她突然就兴奋起来了,问我敢不敢和她打赌——她无比热衷于打赌。我们曾赌过某电影的主人公是真傻还是装傻，明天会不会下雨，楼下送花的男孩能坚持多久。我们甚至无聊到赌谁的"姨妈"持续得久。总是她赢得多，赢走了我储钱罐里一半的硬币。

她翻箱倒柜找出一本泛黄的旧书，揣在怀里冒着小雨跑到我家拿给我看，得意洋洋地说："喏，看到了吧，明明就是海子说的，海子还卧轨自杀了对不对？"

"宝贝，书里说什么你就信什么吗？"

"不，我相信我的直觉。"

我百度，向语文老师求证，还送了阿宝一本顾城诗集，终于让她接受这个事实。

她输掉了两个硬币，从此再也不买盗版书。

## 6. 人字拖女孩儿

夏天像噩梦一样气势汹汹地来了。

人字拖女孩又开始穿上嗒嗒作响的人字拖满世界蹦跶，踩着上课铃声走进教室。我第N次看到老班请她去办公室，从仪容仪表聊到审美品位又回到班级积分。在校运会上，她穿着人字拖参加200米短跑，跑到一半脚上的鞋早就不知去向，但还是拿下了冠军。从此以后，老班对人字拖也就睁一只眼闭一只眼了。有些女孩子讨厌她，也许是讨厌她的真实，讨厌她的无所谓，讨厌她的吊儿郎当，还有挥之不去的嗒嗒的拖鞋声。

她扎着一个高而乱的马尾，大脚拇指残留着上一季的黑色指甲油，习惯性微驼着背，会走着路就大声唱起歌来，也会露齿大笑，眼睛眯成一条缝。下雨天总忘带伞，随便钻进雨里的某把伞下，理直气壮地叫阿权送她回家，从不考虑班花（阿权的绯闻女友）的感受。有一件和阿武一样的蓝色卫衣，从来不忌讳在同一天两个人一起穿，气死了阿武的暗恋者小花同学。所以我时不时听到女生在背后用一些不堪的词语讨论人字拖女孩儿。也见过她和我喜欢的男孩儿打情骂俏，却始终对她讨厌不起来，也许是第三次月考时她给我看了两道生物简答题，又或者，我始终忘不了她拿下短跑冠军后赤着脚走出操场的背影。

　　夏天快要过去的时候，我在姑妈的便利店里见到了穿着高跟鞋的人字拖女孩儿，她迈着尚不太稳的步伐，居然像个女人一样散发着风情。她十个手指涂了绿色指甲油，破天荒的既整齐又均匀，无懈可击，再也不是那个连马尾都扎不好的人字拖女孩儿。更恐怖的是，她买的是一盒生活用品。我强忍着内心暗涌的波澜，周遭的声音在消退，耳朵里只剩下曾经听过的闲言碎语。

　　好在，她很快转身返回，语无伦次地说："啊？不是……不是这个……我要的是炫迈，炫迈口香糖。天啊，我怎么那么蠢？"

　　走到门口的人字拖女孩儿险些被鞋跟绊倒，我想，她大概是恋爱了。

## 7. 亲爱的不知名小姐

我小时候经常搬家，八岁的时候搬到一个新的小区，邻居是一个独居的年轻女孩儿。她有一件薄荷绿流苏长裙，是当时的我所认为的世界上最漂亮的裙子。她不定时放一袋垃圾在门外，隔天出门顺便提走。我偷偷从垃圾袋里捡过几个瓶子，也许被她发现了，此后她便把瓶子单独放到一边。我忍不住非常喜欢她。

有一段时间她的垃圾袋里总装着一大束花，又有一段时间她的房间门口每天早上都摆着几个啤酒瓶子。我被老妈骂的时候，一个人抱膝坐在黑暗的楼梯口，她刚好从外面回来，随手从包里翻出一块巧克力给我，我不敢肯定她是否对我笑了一下。那是我和她最亲密的一次接触，不久后她就搬走了。

她搬走那晚，我跑去楼下的垃圾房捡了很多东西：一条围巾，一罐幸运星，一支润唇膏，一个粉色储钱罐，还有一副羽毛球拍。

可能她永远都不会知道吧，我把那些层层叠叠的包花纸收集起来，成为我青春期第一封情书的信纸。她的啤酒玻璃瓶摆满了我的整个床底，用它们兑换的钱刚好够买一个洋娃娃。我所有对于美的憧憬和理解，都从她的薄荷绿流苏长裙开始：偷穿老妈的高跟鞋，往嘴唇上涂抹口红，学着海报里的明星搔首弄姿。当我遇到人生中第一个喜欢的男孩儿,我站在镜子前把衣柜里所有的衣服都试穿了一遍,却发现自己在发抖,身体里的每根骨头都吱吱作响,抖得我整个人摇摇欲坠。

那一刻,我多么希望自己变成她。

## 8. 地下森林守望者

我是在网上认识小暴的,她在一些网站发表文章和个签,文字很有灵气,个人气息强烈,好像对这个世界很不满意,随时准备发怒,具有一种暴力的美感。她建议每一个心痛的人往心口上贴一块创可贴,如果想加快痊愈,那就贴两块。

所以当得知她的猫失踪,我寄了一大盒OK绷给她,红橙黄绿黑白配,米奇米妮hello kitty史奴比唐老鸭,迪士尼的大明星都可以陪伴她的小伤口,她却只对那只失踪的猫念念不忘。

她把自己蜷缩在衣柜里,痛恨那些不痛不痒的安慰。他们总是认为,一支笔用完了就再买十支,和恋人走散就寻觅下一个,一只猫失踪宠物店里还有无数只。

"那些失踪的猫都去哪里了呢?"

"也许猫和你一样,都厌倦了愚蠢的人类和无聊的钢筋水泥,去了地下森林,那里有聪明的乌鸦和吃掉农夫的蛇。"

我是这么回答她的。从此之后她就消失了，个签永远停在那句"小暴最近无精打采"。

每当我看到塔顶上一只猫的剪影，我都会想起小暴。

也许她的猫变成了地下森林的守望者，假设每只失踪的猫都爱去捉弄忠诚的狗。

### 9.在餐巾纸上写诗的女孩

那天我一个人去"阳光"吃饭，看到这首写在餐巾上的诗：

楼下有一个满脑子爱情的疯女人
她每天都在唱过时的歌
不停地唱啊唱
啦啦啦谁偷走了我窗前的玫瑰花
再见吧亲爱的福尔摩斯
趁着道听途说尚未过期
一起跳舞吧在我的废墟
失踪的猫住在无人区
别没收我的香烟和扑克
失眠的情节早就不新鲜
梦醒后我跑下楼告诉她

你只是丢了身份证回不了家

　　我小心翼翼把餐巾纸夹进硬皮笔记本,看着我的周围,他们在聊天、打牌、吃饭,谁也没有发现我占有了女孩儿留下的一首诗。

## 天寒路远，好久不见

蓝格子

有传言说今年是有史以来最热的一年，我抬头看了看正在辛勤工作的空调，它嘶嘶地散发出冷气。随意撩起了窗帘，外面竟像被日光统治了那般，亮得发烫。接连几日的大太阳让我没了出去的好心情，只好窝在家里一遍又一遍地看着《爱情公寓》，重复的笑点让嘴角不觉有些生疼，然后越来越疼。我爬起来对着镜子摆弄了一会儿，左边的脸颊似乎是要肿一些。我笑了出来，没缘由的悲伤席卷了整个身体。可能是牙龈发炎了吧，我捂着嘴又回到了床上。

这个夏天真是烦躁啊，究竟什么时候才能过去呢。

"嗡嗡嗡"，一条短信。

"后天一起出来吃个饭吧。"来自路离。

熟稔的语气让我有些晃神，屏幕暗了又亮，亮了又暗,我最终还是发去了几个字:"还有谁?"尽管内心还在纠结,可这几个字早已表明了态度。

"你有不想见到的人吗?"

不知是有意还是无心,路离的话直戳心底。面前有身影浮现出来,当伸手去抓时又猛地消失。不知怎么,我的牙更痛了。

"许然。"不等我回复,短信又噌地跑进来。

"嗯,好。"

放下手机,我呆看着窗外的方向。多久没见了呢?好像很久了吧。自高考后我便只身去了中国大陆最南端的城市,与高中的大部分人切断了联系。将自己从这座熟悉的城市猛地抽离出来,连回忆都成了奢望。而许然呢?继续留在这里开始自己的大学生活,听闻过得风生水起,身边已有佳人陪伴。路离却因为不甘心高考失误,狠下心来去了一个偏僻城市复读,好久不联系,却也一直没找到可联系的借口。

十八岁那年没有硝烟的战争,随着最后一声"交卷"响起,我们各怀心思,奔向天涯海角。

衣橱里的衣服似乎都不如人意,翻箱倒柜也没找到满意的。无意间触到底层的校服,苹果味的青春气息扑面而来。写在上面的签名似乎还飘着笔油的清香,是可笑还是可悲呢,以为写下一句永远就真的能一起到达未来的彼岸。一年的光景竟如此之快,物是人非的速度也让我怎么都赶不上。

好久不见，你还好么。

牙龈发炎越来越严重，吞了几天的消炎药也不见效。相约见面的那天我捂着脸跑过去时就看见早早到达的路离，他倒是没怎么变，依旧是一副游离人间的纨绔模样，可举手投足间透露出的青春气息倒让我动容。他还是没变，可我却好像突然间老了一遭。见我走来，他放下手中把玩的手机，从头到尾将我打量了一遍，在我脸上停留了几秒钟，扑哧一声笑出声："你是一路上自拍过来的吗？一副牙疼的表情。"

我瞪了他一眼不说话，放下包便在他身边坐定。

许然来迟了几分钟，明显是有事耽误后急匆匆跑来的模样，脸上的汗珠还没有擦尽，在接过我手中的纸巾时抬头顿了顿，缓缓又来了一句谢谢。他的眉眼如往日般深邃，一眼望去便收获了整片海洋。眸子里的星光不知何时已黯去，可那一份成熟倒也称不上讨厌。

"你别光看他了，你自己也改变了不少啊。"

路离一向扮演着一针见血的角色，可他说的话又让我没有任何反驳的余地。一如既往，他还是最了解我的那个人。

的确，岁月在他们脸上留下痕迹的同时也没少在我身上动刀。

"别说那么多,吃什么啊?"我伸手拿过菜单便递到路离的眼前,等回过神时也只能暗笑一声。习惯这种东西最经不过时间的流逝,却又经得住岁月的打磨。一如既往,我还是如从前那般难以抉择,需要身边人来帮忙做出选择,对事如此,对人也是一样。

路离倒是没工夫理会我的小心思,在菜单上指指点点嘟囔了几句又同面前的许然商量起来,两个人商量了几分钟后便敲定了主意。在旁边无所事事的我倒落得个清闲,用筷子敲打着碗碟等待着美食的到来。

尽管人满为患,可餐厅依旧速度不减,不一会儿,我们面前便堆满了各式各样的佳肴。思量了好一会儿,我便将筷子伸向了许然面前的青菜,夹到碗里后慢条斯理地吃完,这一系列动作果然得到了他的一句惊讶之声。

"你不是肉食动物吗?"

"我早就变了。"

不知怎么,说出这句话时竟有种报复的快感。餐厅仿佛瞬间变成了无硝烟的战场,而我正在对面前的敌人宣战,想要以细微的动作来证实自己的改变。我想要大声地告诉他,我早就不是十七岁那年跟着你屁颠屁颠的小姑娘了,如今我也有了自己的生活,而你于我不过是一纸回忆。可这些话只能憋在心里,同青菜一同咽了下去。

许然的脸果然暗了下来,伸出的筷子不知该放在哪里。路离倒是一副看好戏的表情,伸手夹过一块肉便放到了我的碗里，在接收到我的怒视后还装作不知情般地笑了笑，用筷子紧紧按了按我碗中的东西。不，那对于我来说已经不仅仅是一块肉，而是一枚随时可能爆炸的炸弹。

"嗡"——是路离的短信。

简单的四个字——"别装，吃肉。"

一向如此，我在路离面前就同手无寸铁的孩童一般，即使使出浑身解数也能瞬间被他看透然后予以反击。这拙劣的少女心思啊，于他不过是幼稚的玩笑。他护着我，哄着我，却也不允许我越了这界限伤了朋友。

他是懂我的，我知道。

饭桌上的气氛突然间和谐了好多，许然见我冷静下来后也开始说起了他的大学生活，在提到女朋友时顿了顿，瞬间改用"她"代替。我的心里有一根刺，我也不知它何时会消亡何时会生长，可它将会永远留在我心底，不生不灭，不死不休。这一点我知道，他们也知道。

我望向路离，他的目光较刚才相比柔和了很多，点点头示意让我安心。

"那你呢。又又，你大学又去哪些地方玩了？"

接到话题的我立刻在脑海中搜索词汇，想要组成一篇生动的文章，将一年间的所见所闻都一股脑地分享给面前的人儿。用极尽美好的词汇描述我这一年去过的地方，见过的人，明明是乏善可陈的经历此刻也变得熠熠生辉起来。我看向他们,眼里泛着光,他们饶有兴趣地聆听我的下文。不知怎么,我却突然没了讲下去的激情。

是啊,我的确是长大了优秀了,也可以一人在外独当一面。可有谁真正希望这种成熟呢,我宁愿啊,永远躲在他们俩的身后当个只会喊着吃糖的破小孩儿,如从前一般,兵来路离挡,水来许然掩,吃碗凉面就能觉得自己拥有全世界。

见气氛冷了下来,路离立刻接过话题,和许然一同回忆起了我们的一次共同旅行。那是我心血来潮做下的决定,临行的第二天却在火车站里看到了熟悉的身影。两个背着包的少年站立在那里,转动着身子搜索着什么。见到我时路离便招手示意我过去,一脸不在乎地来了一句:"小爷也想去坐火车呢。"旁边的许然也点了点头,表示支持。

是的,这不过是一段汽车一个小时就可以抵达的路程,可被文艺小说洗脑的我却铁了心要在火车上观赏自己的风花雪月。在被他们两人轮番鄙视后我还是匆匆收拾了行囊,可却没想到能有幸与他们同行。

然而火车上的风景并不如想象中的美好,千篇一律的风景,生硬的坐凳,这一切都让我有了愧疚之心。可幸好路离与许然都是一副不在意的模样,很认真地在睡觉。我思考了好一会儿,还是决定要以行动来让这场难得的旅行变得有那么丁点儿不同。在我软磨硬泡几分钟后,许然终于答应了我的无厘头要求，一人默默坐到了隔壁，装作与我不相识想要来一场邂逅。

我整理了一下衣服，蜷在座位的角落里，蓝色的连衣裙同护罩融为一体，目光清冷，手里捧着一本书，眼神飘向窗外的同时随意摆弄一下头发。将自己想象成一只小鹿，偌大的森林里迷失方向的小鹿。虽然事后路离告诉我说，那时的我像极了他们老家村头的二愣子，嗯，就是一只狗。

"你好，麻烦让一下。"

听见声音的我连忙抬头，不好意思地抿了一下嘴，抬头间许然带着笑，是我从未看见过的笑容。那一刻，我想把全世界都捧到他面前送给他。

"你好，请问我可以坐在这里吗？"许然的无公害笑容彻底秒杀了我，打乱了我心中原有的剧本。一时间我不知该作何回答，生硬地来了句："你好帅啊。"

许然的脸像被泼上了颜料盘，瞬间红了起来，挠了挠头，一副大男生的青涩模样。而旁边的路离早已憋不住笑，扑倒在坐凳上放声大笑。

这大概是那场持续一天的旅行中最出彩的部分了吧。

我笑出声，见面前的人儿也带着笑。三人共同沉醉于回忆中，带着爱的光晕。

那究竟是什么时候开始改变的呢？

是突如其来的分班，没头脑的告白，还是知晓了他有真正喜欢的女生之后呢？我也不清楚，事情在我预料之外驰骋而去。

我还依稀记得和许然的某次争吵，源头却早已忘记，可那一次好像用尽了全身的力气，将对方的缺点一一数落出来。我向来是有这样的毛病，对越亲近的人就越肆无忌惮。而许然呢，只是低着头，静静地听着我的歇斯底里，末了，缓缓来了一句："何必呢。"

这三个字便击溃了我所有的防线。他的眼里装着一汪清泉，是我不愿看到的同情与不忍。他知晓我的心思，却也不愿意亲手伤害一片赤诚。他任由我哭我闹期待着有一天我自己能理清这一切，可终有一天也忍不住发了脾气。

我哭丧着脸跑去找了路离，他一边刷着微博一边听我絮叨。我终于忍无可忍，抢过了他的手机，看起了一连串的心灵鸡汤。突然间又被某一条信息击中，眼泪哗啦哗啦地流了出来。这一情绪的突然改变让路离始料不及，急忙抽出纸巾抢过手机生怕我伤害了他的心头物。

那是一个博主的提问，关于你最感动的时刻。我搜索着脑海中的场景，觉得每一个都可以配上这词语，仔细做过了取舍后还是发去了评论。

"大概是某次和X争吵，赌气不接电话不回短信，可手机一直没亮。去操场跑了三圈，又莫名接到了一个陌生电话。挂了又响，一股子怒气接起后对方却是简单的一句：'是我。'那一刻我感动得快要哭出来。"这是一个简单的片段，却在我的心中停留了很久。

然而今日刷微博时却并未看见我的评论，在如潮的感动中就这么埋入人海。这感动于我是珍贵的，对于他人不过是一串没缘由的文字罢了。

大概许然也是一样，他想要的并不是全世界，只不过是那个树下亭亭玉立的佳人罢了。所以，就算我将全世界捧予他，也只能获得他一句生硬的感谢。

我不记得那时候我闹了多久，在过几日与许然和好后我才真切地意识到，那根刺在我心中已经很久了，也拔不出去了。

"在想什么呢？"将我硬生生拉回现实的是路离的询问。

"啊，没什么。"

我又低下头。可能从头到尾谁都没有变，皮囊的装饰越来越繁杂多样，可底下的那颗心依旧炽热依旧滚烫。要说真正改变的东西，可能只有我那不为人知的内心剧场。

想着，我又伸出筷子夹了一块肉，对许然笑了笑："我觉得还是肉好吃呢，青菜还是留给你吧。"

他笑了，如从前那般。但总有什么东西变了吧，如今关于全世界的所有权，我想给自己了。

路离也笑了，像看着两个迷途知返的人。

买单出门时，许然看着我认真地说了一句："又又，照顾好自己。"我绞着手指，瞪大眼睛盯着他："许然，你听过纪元的那句话吗？"

"什么？"

"以前我觉得努力追求自己得不到的东西是一种勇气，现在我明白了，退而求其次也是一种智慧。"

"嗯？"

"谢谢你了许然，再见了。"

我挥挥手跟他告别，也同过去不美好的自己做个了结。

谢谢你，许然。在我那如白纸般贫乏的人生里留下浓墨重彩的一笔，陪我走过最青春洋溢的十七岁，也见证了我这一路不平的成长。

"路离我们去吃麻辣烫吧，我又饿了啊。"

"嗯。你这只猪。"

也是时候说再见了，再见了，十七岁的年又又，十七岁的路离，十七岁的许然，十七岁美好又痛苦的曾经。我看着他们站在街角同我微笑挥手，然后如幻影般消失。

接下来，我呢，还是想要和你们一直做朋友。